AF588779

LES RÉSULTATS

DES

RECHERCHES PRÉHISTORIQUES

D'APRÈS

LES CONGRÈS ET RÉUNIONS DES SOCIÉTÉS SAVANTES

LES RÉSULTATS

DES

RECHERCHES PRÉHISTORIQUES

D'APRÈS

LES CONGRÈS ET RÉUNIONS DES SOCIÉTÉS SAVANTES

PAR

LE R. P. HATÉ

DE LA COMPAGNIE DE JÉSUS

Extrait des *Études religieuses*

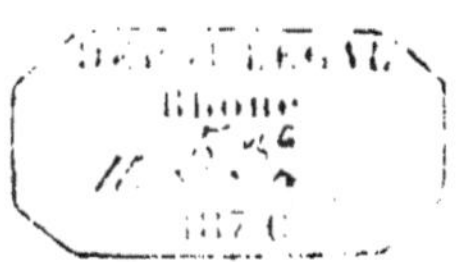

LYON

IMPRIMERIE PITRAT AINÉ

4, RUE GENTIL, 4

1876

LES RÉSULTATS

DES RECHERCHES PRÉHISTORIQUES

D'APRÈS LES CONGRÈS ET RÉUNIONS DE SOCIÉTÉS SAVANTES

Depuis deux ans, les *Études religieuses* ont inséré une série d'articles sur les résultats des recherches préhistoriques. Ce travail a pu paraître démesurément long, et il semble bon de lui donner aujourd'hui une conclusion, bien que le sujet ne soit pas épuisé. Il resterait, en effet, bien des choses à dire. Ainsi nous aurions encore à passer en revue les découvertes qui ont été faites en anthropologie préhistorique. Mais la question des races humaines quaternaires est très-complexe; elle tient à beaucoup de points secondaires que nous ne pourrions passer sous silence sans risquer de rester obscur. D'ailleurs, l'anthropologie préhistorique tend à prendre une telle importance qu'il semble préférable d'en réserver l'examen à un autre temps. Dans les pages qui suivent, je me propose donc uniquement de tirer les conséquences auxquelles mènent les considérations développées dans les dix articles précédents. Je ne discute plus, je donne un simple résumé.

Commençons par rappeler l'état de la question.

Nous avons vu poindre de nos jours une nouvelle science qu'on a nommée la *science préhistorique*. Je ne lui fais pas un crime de sa nouveauté. L'homme ignore encore beaucoup de choses, et les siècles passés lui ont laissé beaucoup à découvrir.

Ce qu'on appelle aujourd'hui recherches préhistoriques n'a pas cependant été complétement inconnu avant le XIXe siècle. De tout temps on a recueilli des outils en pierre ou en os, et les cabinets de curiosités en offraient de nombreux échantillons avant la Révolution. Mais alors on ne pensait pas à s'appuyer sur ces trouvailles pour renverser toutes les données de la tradition et prolonger outre mesure la durée de l'humanité : on se contentait d'attribuer ces instruments aux Celtes ou même aux derniers envahisseurs de l'empire romain. Avait-on si grand tort ? Nous avons essayé de montrer qu'on pouvait avoir raison, en partie du moins [1].

Quoi qu'il en soit, nous sommes aujourd'hui loin de là. Les recherches réputées préhistoriques ont été poussées avec une activité fiévreuse. On a interrogé les diluviums, les cavernes, les monuments mégalithiques ; c'est par milliers qu'on a collectionné les silex, les os travaillés. Cependant tout ce mouvement n'a rien de condamnable ; cette ardeur scientifique est bonne, elle est même utile et mille fois préférable à la tendance des esprits rêveurs et maladifs qui les porte à chercher leurs plaisirs dans les vaines conceptions des romans contemporains.

Mais si l'exploration des monuments qui se rapportent à l'origine de notre espèce n'a rien que de bon et d'utile, pourquoi, nous demandera-t-on, vous attaquez-vous à la science préhistorique ? En voici la raison. Quelle qu'en soit la cause, les recherches préhistoriques ont eu la mauvaise chance d'être prônées surtout par des écrivains qui se montrent peu respectueux envers la révélation. Peut-être n'y a-t-il eu que de l'inadvertance de la part de plusieurs ; peut-être n'ont-ils pas vu que, lorsqu'on déchire la première page de la *Genèse*, on renie par là même tout christianisme, puisqu'en ôtant du rang des vérités la chute de notre premier père, on exclut du même coup la rédemption par Notre-Seigneur Jésus-Christ. Or, il suffit d'avoir parcouru un certain nombre de publications qui ont trait aux découvertes réputées préhistoriques, pour savoir que l'on attaque la *Genèse*, sa chronologie et les faits qu'elle contient, au nom de ces mêmes découvertes ; et l'on jette en avant assez de grands mots pour que le lecteur, fasciné par cette exhibition scientifique, se prenne

[1] *Etudes religieuses*, 10 janvier 1876 : l'usage de la pierre polie existait dans le Gaules quand les Romains firent la conquête de ce pays.

vraiment à douter si la *Bible* est le livre de la vérité, le livre qui contient la parole de Dieu.

Faut-il encore citer les textes ? Celui-ci nous dit au nom de la *préhistoire* que les six mille années des histoires de collége et des traditions hébraïques sont actuellement tout à fait dérisoires, un mensonge qu'on devrait avoir quelque scrupule d'enseigner. Et il en donne la raison quand il ajoute. « Les travaux et les découvertes de la seconde partie des soixante-treize ans écoulés depuis le commencement de ce siècle sont en effet à ce point complets, à ce point conformes dans leurs résultats, qu'il est maintenant à peu près impossible de se dispenser de parler franchement, aux écoles ou ailleurs, de l'origine toute naturelle, ainsi que de la haute antiquité de l'homme[1]. » Heureusement M. Zaborowski veut bien nous accorder que ce n'est encore qu'à peu près impossible, et nous ne sommes pas absolument forcés de nous laisser dire, aux écoles ou ailleurs, que l'homme est un pur produit de la génération spontanée et que son apparition remonte à plusieurs milliers de siècles, à quelque cent mille ans.

Un autre ne se hasarde pas à nous donner le nombre de siècles pendant lesquels a vécu notre humanité ; il estime que ce n'est point en chiffres qu'on peut exprimer ces dates : « Ce n'est, ajoute-il, ni par années, ni par siècles, ni par milliers d'années qu'on peut mesurer ces périodes immenses... La chronologie ordinaire n'est point applicable ici[2]. »

Un troisième écrit : « Après l'exploration de Saint-Acheul et de Moulin-Quignon, il demeure établi que l'homme est beaucoup plus ancien que Cuvier, et avec lui la plupart des géologues, ne l'avaient pensé ; qu'il date même d'une époque qui excède démesurément celle où les traditions des Occidentaux placent la création du ciel et de la terre. » Si vous paraissez en douter, on vous en soumettra les raisons. Écoutez : « L'homme existait déjà quand les terrains quaternaires se sont formés ; il a été contemporain de l'*Elephas primigenius*, du *Rhinoceros tichorhinus*, du bœuf, du cheval fossile ; l'homme fossile est

[1] Zaborowski-Moindron, *Résumé populaire de la préhistoire*, t. I, p. 56 ; t. II, p. 228, 1874.

[2] Broca : conférence faite à Bordeaux sur les Troglodytes de la Vézère. 1872.

donc une vérité[1]. » Et, après de pareilles preuves, vous êtes bien difficile si vous ne vous rendez pas ! Il est vrai que M. V. Meunier oublie de nous dire quel est l'âge du terrain quaternaire, quel est l'âge de l'*Elephas primigenius* et l'âge du *Rhinoceros tichorhinus*, petits détails qui ont bien leur importance dans la question.

Le récit de la *Genèse* ne paraît à nos préhistoriens qu'une simple légende. M. Contejean prétend avoir découvert qu'il faut absolument renoncer « au rêve si séduisant d'un *édénisme* pendant lequel notre espèce, sortie parfaite des mains du Créateur, a joui d'une félicité sans égale[2]. » Donc, plus de paradis terrestre, plus d'Adam pécheur ; ainsi le veut M. Contejean d'après la nouvelle science préhistorique.

M. Hamy est du même avis que M. Contejean ; mais l'auteur du *Précis de paléontologie humaine* a trouvé l'explication des versets de la *Bible*, où il est parlé de la félicité de nos premiers parents et de l'état malheureux qui a suivi leur péché. L'histoire du paradis terrestre n'est, dit-il, qu'une riante légende, un souvenir des temps qui ont précédé les phénomènes glaciaires. Le nouvel âge, qui commença pour l'humanité avec la période glaciaire, âge de souffrances et de luttes, aura donné lieu au lamentable récit de la chute originelle. Après cela, soumettez-vous à la pratique des commandements et donnez votre sang pour attester le *Credo !*

Toutes ces insinuations malveillantes à l'égard des Livres saints font leur chemin. Déjà les examinateurs pour le diplôme de bachelier sortent de la réserve qui leur convient et demandent aux jeunes candidats de vouloir bien leur prouver que l'homme vivait il y a quinze ou vingt mille ans.

Et nos journaux ? Pour le plaisir de donner des nouvelles scientifiques, ils propagent les assertions les plus aventurées. L'extraordinaire surtout est l'aliment du journal, et la science préhistorique offre mille conjectures qui aident à sortir de l'ordre commun. Il y a des journalistes, d'ailleurs, qui ne visent pas seulement à l'effet, mais qui sont heureux de trouver une pierre

[1] V. Meunier, *les Ancêtres d'Adam*, p. 105. 1875.

[2] Contejean, professeur à la faculté des sciences de Poitiers : *Éléments de géologie et de paléontologie*, p. 704. 1874.

à jeter contre l'Église. M. Sarcey, on le sait de reste, est de ce nombre. « Croit-on, s'écrie-t-il, que nous n'ayons rien lu? S'imagine-t-on que la jeunesse française ne sait rien des recherches des Boucher de Perthes, des Lyell, des Lubbock, sur l'homme préhistorique? Le récit de la *Genèse* n'est qu'une légende qui n'a plus de valeur que comme renseignement historique sur les préjugés du peuple qui l'a mise en circulation [1]. »

Croira-t-on M. Sarcey sur parole ? Je l'ignore. Ce que je sais, c'est qu'il faudrait écrire un bien gros volume pour montrer que les recherches des Boucher de Perthes, des Lyell, des Lubbock, n'ont point la portée irréligieuse que leur attribue le journaliste. Ce travail de détail serait souverainement ennuyeux, et nous n'avons pas voulu l'entreprendre. Cependant il est impossible de laisser l'attaque sans réponse. Au nom de la science préhistorique, on affirme que la chronologie des Livres saints est insoutenable, qu'elle est un mensonge. Comment faire pour donner la juste valeur de cette affirmation ? Il suffit de considérer sur quelle base on l'appuie et de nous rendre un compte exact des résultats des recherches préhistoriques. L'exposition des trois propositions suivantes nous donnera l'occasion de mettre ces résultats sous les yeux du lecteur :

1° D'après la géologie, l'homme est le dernier venu sur la terre ;

2° La science préhistorique n'a aucun des caractères d'une vraie science ;

3° La question préhistorique n'est qu'une question de mots.

Si nous démontrons solidement ces trois propositions, que restera-t-il des difficultés qu'on oppose au nom de la préhistoire à nos Livres saints et aux traditions hébraïques ? Il ne restera rien, absolument rien. Nous dirons à nos adversaires : quand vous aurez trouvé quelque chose de sérieux, vous pourrez vous présenter ; nous ne refuserons jamais la discussion. Mais pour le moment la discussion est inutile ; car vous n'avez rien de certain et vos assertions n'ont point de fondement scientifique [2].

[1] *Le Dix-Neuvième Siècle*, janvier 1876.

[2] Nous attendrons longtemps, s'il faut en croire un chaud partisan de la science préhistorique, car voici ce qu'il écrit : « Toute science doit commencer par la connaissance des faits et des phénomènes particuliers : quand ceux-ci sont assez

Première proposition : *D'après la géologie, l'homme est le dernier venu sur la terre.*

On nous parle sans cesse de la grande ancienneté de l'homme. Il est bon de le faire remarquer en commençant, cette grande ancienneté n'est cependant que relative et l'homme date des derniers temps géologiques. Quand même la proposition qui vient d'être énoncée n'aurait que cette utilité, nous ne devrions pas la passer sous silence ; car il est toujours bon de partir d'un point universellement admis et de rappeler un fait scientifique. Mais la démonstration de cette proposition va nous donner occasion d'expliquer quelques termes vagues ou équivoques dont l'emploi peut nuire à la clarté du discours et même causer des illusions fâcheuses : je veux parler de ces locutions qui reviennent si souvent dans les discussions sur la préhistoire : *l'homme tertiaire, le précurseur de l'homme, l'homme fossile.*

Mais, d'abord, examinons ce que la géologie nous dit de la place de l'homme dans la série géologique. Quand est-ce que l'homme, le genre *Homo,* a fait son apparition sur notre globe? Si nous consultons les archives géologiques, nous voyons que l'homme n'a laissé des vestiges que dans les dépôts tout à fait superficiels. Nous pouvons même aller plus loin et affirmer comme scientifiquement vrai que l'homme, cette créature raisonnable composée d'une âme intelligente unie à un corps, est le dernier venu sur cette terre. Nous voulons dire que depuis la création de l'homme aucun être vivant n'a été créé, et qu'il n'y a eu depuis cette époque ni renouvellement de la faune, ni renouvellement de la flore. Nous nous gardons bien de nier qu'il n'y ait eu depuis cette époque extinction de plusieurs formes vivantes. Il ne s'agit pas ici de disparition, mais d'apparition. L'homme a vu disparaître plusieurs animaux, il n'en a vu apparaître aucun, et c'est précisément ce qui prouve qu'il est le dernier venu.

nombreux, les généralisations partielles deviennent possibles, elles s'agrandissent à mesure que la base s'élargit ; mais les systèmes ayant la prétention d'être absolus et définitifs ne le sont jamais, car ils supposent que tous les faits, tous les phénomènes sont connus : synthèse impossible, quelle que soit la durée de l'humanité. » (M. Martins, *Revue des Deux Mondes*, 1er mars 1873.) Et maintenant parlez-nous de la *science !*

N'insistons pas ici sur l'accord qui existe en ce point entre la *Genèse* et la géologie et, une fois pour toutes, disons que nous ne voulons nous servir contre la préhistoire que d'arguments purement scientifiques. Je m'adresse donc à la géologie, ou plutôt à cette partie de la géologie qui s'occupe des fossiles, à la paléontologie.

Tout le monde sait, du moins d'une manière très-générale, que l'écorce du globe accessible à nos investigations est formée, dans sa partie supérieure au moins, d'assises irrégulières placées les unes sur les autres, ou plutôt les unes dans les autres, comme de vastes cuvettes de diverses dimensions dont les plus grandes contiendraient les petites. C'est encore un fait suffisamment connu que les restes et les vestiges de tous les êtres vivants qui ont vécu dans les temps géologiques ne sont pas les mêmes dans toutes les assises. Alcide d'Orbigny, l'auteur qui a le plus étudié les caractères paléontologiques des diverses couches géologiques, a dit avec assez de vérité, quoique peut-être en exagérant un peu trop la valeur des fossiles : « L'application de la paléontologie à la géologie des couches de sédiment conduit à reconnaître que ces couches forment des étages distincts superposés et caractérisés chacun par une faune particulière, que chaque faune a des limites certaines et positives et que la présence d'un nombre plus ou moins considérable d'espèces animales dans ces étages est un caractère qui peut les faire distinguer, quand même les éléments minéralogiques se trouveraient modifiés[1]. »

Une comparaison va nous rendre plus nette l'idée que nous devons nous faire de la distribution des fossiles animaux et végétaux dans les strates géologiques. Imaginons qu'on ait superposé les uns aux autres vingt-sept casiers ou rayons de bibliothèque et que chacun de ces rayons nous représente un des étages de la série des terrains fossilifères ou sédimentaires. Dans chacun de ces casiers nous pourrons accumuler les fossiles trouvés dans l'étage correspondant. Ce long travail une fois terminé, nous aurons sous les yeux, dans une série verticale, l'assemblage et la distribution des fossiles. Les rayons d'en bas contiendront

[1] A. d'Orbigny, *Cours élém. de paléont. et de géol. stratigraphique*, p. 7.

les fossiles des terrains les plus anciens, à partir du fameux *Eozoon Canadense ;* les rayons d'en haut seront remplis des restes organiques qui caractérisent les terrains récents, et c'est en haut que nous trouverons l'homme.

Quand les objets sont ainsi disposés, il suffit de la moindre attention pour faire quelques observations importantes. Ainsi, pour ne parler que des animaux, nous voyons que certaines formes animales sont représentées à tous les étages, et par conséquent ont traversé tous les temps géologiques. D'autres genres, au contraire, après s'être multipliés pendant quelques périodes, ont fini par disparaître pour toujours et n'ont plus de représentant dans les couches supérieures. Il y a donc eu extinction de certaines formes animales ; mais aussi il y a eu parallèlement formation, création de nouveaux types qui sont apparus les uns après les autres.

Concentrons notre attention sur les rayons supérieurs de notre bibliothèque paléontologique, sur les cases qui représentent les étages du terrain tertiaire et le terrain quaternaire. Nous allons trouver bientôt le genre *Homo*. Le terrain tertiaire est partagé en quatre étages qui sont de bas en haut : le suessonien, le parisien, le falunien ou miocène et le subappennin ou pliocène. Le genre *Canis* apparaît dès le terrain suessonien avec les genres *Viverra* et *Sciurus*, traverse les autres étages et persiste jusqu'à notre temps, tandis que les genres *Lophiodon* et *Anthracoterium* qui ont commencé avec le genre *Canis* ne dépassent pas la période falunienne. Le genre *Paleotherium* traverse les trois étages parisien, falunien et subappenin, sans aller plus loin, tandis que les genres *Dinotherium*, *Megatherium*, etc., restent confinés dans le falunien. Les rhinocéros, les cerfs, les ours, le genre *Felis*, les mastodontes se montrent dans l'étage falunien ; mais le genre *Mastodon* s'éteint dans l'étage subappennin, et les autres prospèrent. Enfin, les éléphants, les hippopotames, les chevaux, les bœufs apparaissent seulement dans le quatrième étage tertiaire, dans l'étage subappennin, et nous les voyons encore existants. Mais où est le genre *Homo?* Nous ne l'avons pas encore rencontré. C'est que le genre *Homo* ne paraît qu'à l'époque quaternaire, et quand il fait son entrée sur la terre, il la trouve recouverte de toute la population animale qui doit s'y trouver.

Dans ce dernier paragraphe, nous n'avons fait que résumer le tableau dans lequel A. d'Orbigny, un maître en paléontologie, nous fait connaitre la répartition des mammifères à la surface du globe depuis leur apparition jusqu'à nos jours.

Voilà donc ce que dit la science, la science sérieuse : l'homme est le dernier venu sur la terre ; depuis qu'il a fait son entrée sur la terre, aucun être n'a été créé. De plus, l'antiquité de l'homme n'est point excessivement grande ni hors de proportion avec la longueur des temps historiques, puisque les restes et les vestiges de l'homme se retrouvent dans la couche tout à fait superficielle du globe.

Notre proposition serait suffisamment établie si nous n'avions à compter avec l'homme tertiaire. C'est même en prévision de la difficulté qui est faite à propos de cet homme tertiaire que nous avons insisté plus haut sur le renouvellement des faunes pendant les époques miocène et pliocène. L'homme tertiaire donne lieu à une objection sérieuse contre notre thèse. En effet, si le genre *Homo* a commencé son existence pendant l'âge falunien ou miocène, il est aussi vieux que les mastodontes, les cerfs, les ours, etc., et il a habité la terre avant l'apparition des genres *Bos*, *Equus*, *Camelopardalis*, *Camelus*, *Hippopotamus*, *Elephas*, *Platyonyx*, *Mylodon*, *Megalonyx*, *Megatherium*, *Glyptodon*, *etc.*, *etc.* A. d'Orbigny ne nomme pas moins de quarante genres qui datent de l'époque subappennine ou pliocène. Nous aurions donc tort de dire que le genre *Homo* est le dernier venu, puisqu'il aurait vu la faune se renouveler. Il faut donc voir si l'homme tertiaire est véritablement entré dans le domaine de la science ; je ne recule pas devant cet examen. On a voulu faire de cet homme tertiaire comme un épouvantail pour les bonnes gens qui aiment la *Bible*. Le fait est qu'on a réussi à faire peur, non-seulement aux bonnes gens, mais encore à d'autres. Voyons donc ce qu'il faut penser de l'homme tertiaire.

L'homme tertiaire. — L'homme tertiaire doit en grande partie sa réputation à M. l'abbé Bourgeois. Cet infatigable archéologue avait recueilli sur les affleurements du calcaire de la Beauce, qui fait partie du terrain tertiaire miocène, quelques silex sur lesquels il croyait reconnaître les traces de la main de l'homme. Mais, comme ces pièces se trouvaient presque à la surface du sol, on pouvait objecter qu'elles appartenaient à l'époque quaternaire, et non pas à l'époque tertiaire. Pour couper court à toutes ces difficultés, M. Bourgeois prit la peine de creuser à Thenay un puits de 5 mètres 40 pour aller chercher le calcaire de la Beauce au-dessous des faluns et des sables de l'Orléanais qui le recouvrent en ce point. Au fond du puits, avec des ossements d'*Acerotherium*, il retrouva les mêmes éclats de silex qui s'approchent de ce qu'on appelle racloirs et pointes de flèches. « Fait étrange, inouï, de haute gravité ! ! » s'écriait alors M. Bourgeois, et avec raison ; car, s'il n'y pas erreur sur quelque point, il nous faut compter avec l'homme tertiaire miocène et accorder probablement quelque cent mille ans d'existence à notre espèce. Mais n'allons pas si vite et examinons les documents.

Les silex de Thenay ne sont pas les seules trouvailles qu'on invoque en faveur de l'homme tertiaire. Il faut y ajouter des os de *Rhinoceros* et d'*Halitherium* couverts de stries, d'incisions, d'entailles, recueillis à Saint-Prest, à Pouancé, à Chavagnes ; et d'autres ossements encore qu'on dit avoir été cassés dans l'intention d'en extraire la moelle. Ne nous arrêtons pas aux ossements humains que quelques chercheurs ont attribués aux terrains tertiaires : ou bien le gisement est douteux, ou bien la découverte n'est pas certaine, et M. de Mortillet lui-même a déclaré à Lyon, en 1873, que « les débris humains tertiaires bien constatés nous font défaut[1]. »

Voyons donc ce qu'on nous donne pour les œuvres de l'homme tertiaire. Nous avons d'abord des os incisés, entaillés, couverts de stries. Ces stries, ces entailles ont-elles été faites par l'homme ? Ce n'est pas probable, nous dit encore M. de Mortillet. Et pourquoi ? Parce que ces stries, ces entailles peuvent très-bien être les traces des dents des poissons carnassiers. Les couches à débris d'*Halitherium* de Pouancé et de Chavagnes, où l'on a recueilli des os striés et incisés, contiennent aussi en abondance de grandes et fortes dents, très-aiguës, très-tranchantes, de poissons carnassiers de la famille des requins, entre autres de *Carcharodon*. Les *Carcharodon megamodon* étaient de grands

[1] *Association française*, session de Lyon, 1873, p. 608.

squales qui atteignaient la longueur de 15 mètres : leurs dents plates, triangulaires, pointues et dentelées sur les bords, n'avaient pas moins de 15 centimètres de longueur sur une largeur de 11 centimètres à la base[1]. « Ces poissons, enchantés de rencontrer des *Halitherium* échoués sur la côte, ont dû s'en repaître en laissant sur les os de nombreuses marques de leur voracité et de la puissance de leurs dents. » Nous avons laissé parler M. de Mortillet, et son explication est en effet fort plausible[2]. Voici un autre témoignage :

M. Delfortrie a soumis à un examen sérieux les stries et les entailles qui recouvrent les ossements des faluns de Léognan, aux environs de Bordeaux[3]. « Sur presque tous les ossements du miocène aquitanien, dit-il, s'observent des stries et des entailles : maxillaires d'*Halitherium* et de *Squalodon*, côtes et vertèbres de différents cétacés, plaques costales et fragments de plastron de chélonées faisant parties de notre collection, en sont littéralement couverts. » S'il fallait attribuer toutes ces incisions à l'homme, nous serions obligés d'admettre que la population était alors très-dense, ou bien que le sauvage de ce temps-là travaillait avec une grande activité. Mais rien ne nous force à en venir à cette supposition : tout au contraire. Toutes ces entailles présentent le même caractère. Dans le nombre, il en est qu'on serait tenté d'attribuer, à première vue, à la main de l'homme : éraillées sur les bords, elles ont vraisemblablement été produites quand l'os était encore à l'état frais. D'autres, étroites et profondes, présentent aussi la plus grande analogie avec celles dues au silex. Mais à côté s'en trouvent d'autres affectant une forme courbe, sinueuse, qui commencent à inspirer des doutes. Enfin les doutes sont levés et la désillusion devient complète en présence d'incisions parallèles, légèrement curvilignes, auxquelles s'adaptent avec une justesse parfaite les dents pectinées trouvées dans le même gisement, et que M. Delfortrie suppose être celles d'un poisson carnivore, le *Sargus serratus*. Ces ossements, ajoute-t-il, se présentent tous dans un état de conservation,

1 Boutillier, *Bull. Soc. sciences nat. de Rouen*, 1873.

2 *Id.*, p. 609.

3 Les ossements entaillés et striés du miocène aquitanien *(Soc. linnéenne de Bordeaux*, 1866 : *apud* Pozzi : *la Terre et le Récit biblique*, p. 231).

presque de fraîcheur, qui rappelle la nature vivante ; les parties les plus fines et les plus délicates se montrent toujours intactes, ce qui donne à penser que lorsque la vague les rejetait sur la plage miocène, ils étaient revêtus de chairs et de téguments et qu'ils reposaient sur un fond assez tranquille pour permettre aux poissons carnassiers de se repaître de ces restes avant qu'ils fussent recouverts par les sables où ils sont enfouis aujourd'hui : d'où il conclut « que la paléontologie, consultée sur l'existence de l'homme miocène, ne peut que formuler un *non* bien accentué. »

Ne nous attardons pas autour des os brisés : il sera toujours bien difficile de savoir si un os a été cassé dans l'intention d'en extraire la moelle. D'ailleurs voici la solution de M. de Mortillet : « MM. Garrigou et de Ducker ont aussi cru reconnaître les traces de l'action humaine dans les cassures des os de deux célèbres gisements tertiaires : Sansan, dans le Gers, et Pikermi en Grèce. Mais cette manière de voir n'a pas été admise par Édouard Lartet, l'explorateur de Sansan, par M. Gaudry, le monographe de Pikermi, et par tous les hommes spéciaux[1].» Il n'y a donc rien de plus à tirer des ossements cassés que des os incisés.

La maîtresse pièce en faveur de l'homme tertiaire est le silex. Que sont donc les silex taillés ramassés dans le terrain tertiaire ? Chacun de nous pourrait les voir de ses propres yeux et s'en faire par là une juste idée, car une collection choisie est exposée au musée national d'archéologie préhistorique de Saint-Germain en Laye. Mais peut-être beaucoup de visiteurs ne s'apercevraient-ils pas qu'ils sont en présence d'ouvrages de la main de l'homme, si une étiquette ne les en avertissait. C'est que les silex tertiaires n'ont pas le cachet des haches de Saint-Acheul ; ils sont très-grossiers, vraiment grossiers. Il n'est donc pas étonnant que le vulgaire n'y aperçoive pas grand' chose. Les fins connaisseurs ont seuls le privilége de découvrir sur ces fragments de silex les traces de la main de l'homme, et encore ils ne sont pas tous d'accord. En voici des preuves : M. Hébert, professeur à la faculté de géologie de Paris, a

[1] *Association française*, Lyon, 1873, p. 609.

déclaré de la manière la plus formelle que les silex de Thenay ne présentent rien qui soit de nature à exiger l'intervention de la main de l'homme. M. Grüner, inspecteur des études à l'École des mines de Paris, est du même avis que M. Hébert[1]. La question a été ainsi posée au Congrès d'archéologie préhistorique tenu à Bruxelles en 1872. Pour la résoudre, le Congrès a nommé une commission composée de quinze savants. Après l'examen des silex de M. l'abbé Bourgeois, les commissaires n'ont pas été de même avis. Huit savants ont reconnu parmi les échantillons présentés un certain nombre de silex taillés ; cinq au contraire ont nié toute taille intentionnelle sur tous les silex ; un a accepté la taille, mais avec réserve sur le gisement, et un autre s'est récusé pour incompétence. On peut donc dire qu'à Bruxelles, grâce à une voix de majorité, l'homme tertiaire a été validé et obtint une place dans la science. Mais en fait de science, est-ce ainsi que l'on doit procéder? Qu'à la majorité d'une voix on fasse d'un simple mortel un législateur, ou qu'on fonde une république, c'est chose possible, et nous en sommes les témoins ; mais, pour établir un article de foi scientifique, il faut autre chose que la persuasion personnelle d'un homme, cet homme fût-il même savant : il faut des faits, des faits irrécusables, palpables. Or, de ces faits, il n'y en a pas en faveur de l'homme tertiaire. L'homme tertiaire n'est donc pas un fait scientifique.

M. de Mortillet a tellement bien senti la très-faible valeur des silex présentés au congrès de Bruxelles qu'il prend soin de nous avertir que M. l'abbé Bourgeois, après d'actives recherches, a trouvé mieux et est tombé sur *deux pièces* bien plus concluantes que toutes celles recueillies antérieurement[2].

Or, quelles sont ces deux pièces? « C'est d'abord une espèce de grattoir ovoïde ou disque garni de retailles sur le pourtour. C'est ensuite un grattoir bien plus nettement accentué que ceux déjà trouvés précédemment : une des arêtes, sur environ 3 centimètres de long, est garnie de petites retailles régulières, éga-

[1] Pozzi : *la Terre et le Récit biblique*, de l'homme tertiaire, p. 230-231 ; — R. P. de Valroger, *Revue des Questions historiques*, avril 1876 : l'Archéologie préhistorique ; les stations du mont Dol et de Thenay.

[2] *Association française*, Lyon, 1873, p. 612.

lement espacées, toutes faites du même côté. » Traduisons cette description en langage ordinaire : deux cailloux dont l'un aplati et ébréché sur le pourtour, l'autre probablement allongé et ébréché sur une arête. Voilà ce qu'on nous donne en preuve de l'existence de l'homme pendant l'époque tertiaire. Ces deux pièces, ajoute-t-on, ne paraissent plus pouvoir laisser aucun doute, même dans les esprits prévenus, sur l'existence de silex taillés intentionnellement à l'époque miocène. Je dois avouer bien humblement que je reste très-prévenu contre l'homme tertiaire. Le lecteur peut se former son opinion personnelle ; il a les pièces en main.

Le précurseur de l'homme. A la question de l'homme tertiaire se rattache celle du précurseur de l'homme, ou plutôt ces deux questions n'en font qu'une ; et pour achever l'histoire de l'homme tertiaire il faut faire celle du précurseur de l'homme. Qu'entend-on par ce précurseur de l'homme? Lorsqu'on se mit à faire grand tapage autour de l'homme miocène de Thenay et autour de l'homme pliocène de Saint-Prest, le précurseur de l'homme fit son apparition sur la scène. Deux camps étaient en présence : le camp de ceux qui croient à la *Bible* et le camp des incroyants; dans chacun des deux camps on parla de ce précurseur, mais d'une manière bien différente.

Il faut bien avouer que quelques catholiques prirent une trop grande peur de l'homme tertiaire. Si l'homme tertiaire était chose sérieuse, la difficulté serait digne de considération ; car l'homme de Thenay serait vieux de quelque cent mille ans, et, en vérité, avec la meilleure volonté du monde, il paraît bien difficile de faire rentrer cet homme dans le cadre de la chronologie mosaïque. Comment sortir de cet embarras? Emparons-nous du précurseur de l'homme, et arrangeons les choses de la façon suivante.

L'homme tertiaire, miocène ou pliocène, n'a jamais fait partie de l'humanité dont nous sommes les membres et dont Adam est le chef. Cet homme très-ancien, le représentant d'une humanité qui a vécu et s'est éteinte, a disparu complétement avant la création de notre premier père Adam. Ces deux humanités successives sont tout à fait distinctes et n'ont l'une avec l'autre aucun point de contact, aucune union. Si vous admettez notre manière de voir, disent les auteurs de ce système, tout le monde devra être content ; l'attaque contre la *Bible* est écartée, la foi est sauve et les préhistoriens ont le champ libre ; ils peuvent à leur aise trouver des hommes dans le terrain pliocène ou miocène et même plus bas encore.

Nous l'avons vu, pareille concession n'est point nécessaire ; on peut même mettre en doute son utilité. Je sais bien qu'on a voulu prendre ses précautions pour l'avenir. Mais il ne faut pas rendre la science préhistorique trop arrogante, se prêter trop aisément à ses caprices ou céder trop facilement sous l'influence de ses clameurs : autrement nous serons toujours en quête de nouveaux expédients pour résoudre des difficultés toujours changeantes et qui, en fin de compte, disparaissent par le fait d'une nouvelle évolution de la préhistoire.

Les préhistoriens, de leur côté, n'ont eu garde de laisser échapper le précurseur de l'homme ; mais le curieux est de voir combien ils s'entendent peu entre eux pour déterminer les caractères de cet être fantastique. Ce ne pouvait être un homme, puisqu'on l'appelle le précurseur de l'homme ; et cependant ce ne pouvait être un pur animal, puisque cet être, quel qu'il fût, incisait les os et taillait le silex. Or, dit le Maître, M. Boucher de Perthes, un cran, un simple cran fait sur un os avec le tranchant d'un silex, un seul éclat enlevé à ce silex d'une façon régulière, un seul morceau de bois coupé et non brisé, prouvent une main humaine aussi clairement qu'une inscription. L'animal même le plus *intelligent* (c'est M. Boucher de Perthes qui parle), l'éléphant, le chien, le singe, ne pourrait faire ce cran ; il brise ou ronge le bois, ou le silex, mais il ne le coupe, ni ne le taille.

L'homme tertiaire, à qui l'on attribue des crans faits sur les os d'*Halitherium*, serait donc un homme. Mme Clémence Royer prétend même que l'homme de Thenay était un homme tout à fait semblable à nous, « un homme au point de vue anatomique, c'est-à-dire un mammifère à station droite, ayant des pieds pour la marche et des mains *exclusivement* consacrées à la préhension ; capable en conséquence de poursuivre ses ennemis ou sa proie à terre, sans chercher un refuge sur les arbres et les rochers, capable encore de ramasser un caillou et de le tailler pour le lancer à son ennemi ou pour dépecer sa proie. Enfin, ce n'était pas un singe ; car un singe n'est singe que parce que, dans la fuite ou la course, il met les quatre membres à terre, ce qui exige une articulation spéciale du crâne sur l'atlas, et que ses mains, perdant ainsi la délicatesse du toucher, deviennent incapables d'exercer ces industries qui caractérisent l'homme et sont alternativement l'effet et la cause des développements de son cerveau [1]. » Donc, dans l'opinion de Mme Clémence Royer, l'être qui a taillé les silex de Thenay n'était pas un vrai singe, mais était un homme vrai.

Écoutons maintenant M. de Mortillet, et apprenons de lui pourquoi l'être qui a taillé les silex tertiaires ne peut être rangé dans l'espèce homme, *Homo sapiens*, de Linnée. La raison ne laisse pas d'être singulière : elle se tire des lois de la paléontologie. On énonce d'abord les lois de la paléontologie sous la forme suivante : 1° dans les couches géologiques, les animaux varient d'une assise à l'autre, et la faune se renouvelle avec les strates ; 2° l'existence d'une espèce est d'autant plus courte que cette espèce occupe un rang plus élevé dans l'échelle des êtres ; 3° les variations ne sont pas radicales, mais elles sont partielles et successives. Nous avons les prémisses : formons le raisonnement et tirons la conséquence. Depuis la formation du calcaire de la Beauce, reprend M. de Mortillet, la faune mammologique a changé au moins trois fois complétement, et les modifications introduites ont été tellement profondes que les zoologues hésitent à appeler du même nom des animaux qui d'ailleurs se ressemblent beaucoup. En d'autres termes, les chiens de ce temps-là seraient d'un autre genre que nos chiens actuels ; les ours, les singes, les rhinocéros, les cerfs miocènes formeraient des genres distincts des genres contemporains de même nom. L'homme seul serait-il resté invariable, lui qui se place à la tête des animaux dont l'organisme est le plus compliqué ? Ce n'est pas probable. Ce fait serait contraire aux lois paléontologiques. Non, il n'est pas possible de réclamer pour l'homme une exception aux règles générales qui gouvernent la nature. Mais alors la conclusion s'impose à l'esprit : l'homme, tel que nous le con-

[1] *Association française*, Lyon, 1873, p. 617, Discussion sur l'homme tertiaire.

naissons aujourd'hui, l'*Homo sapiens* de Linnée, n'existait pas à l'époque miocène, ou, en d'autres termes, l'être intelligent qui a taillé les silex de Thenay n'était pas un homme, n'était pas encore l'homme, mais doit être considéré seulement comme le précurseur, comme l'ancêtre de l'homme ! ! Et ce n'est pas là une simple hypothèse, ajoute notre savant, c'est une déduction logique tirée de l'observation des faits [1]. En voulez-vous une preuve de plus ? on vous la donne : « Les objets des deux périodes tertiaire et quaternaire sont loin d'être identiques. L'homme quaternaire a taillé le silex ; l'être tertiaire les a éclatés avec le feu : tous les silex miocènes sont éclatés par le feu [2]. »

Comment alors nous étonner que l'on puisse si difficilement apercevoir les indices d'un travail intelligent sur les silex de Thenay ? Si encore nous avions quelque moyen certain de reconnaître l'action du feu sur les silex tertiaires ! M. Grüner a fait observer à M. de Mortillet que la chose est bien difficile.

Quoi qu'il en soit, nous voici revenu par un long détour à notre proposition fondamentale et c'est la science préhistorique elle-même qui nous y ramène. Nous avions donc raison de dire que l'homme, même au point de vue de la science préhistorique, l'homme d'aujourd'hui, est le dernier venu sur cette terre et la science nous affirme que cela n'est pas hypothétique, que c'est une déduction logique des faits. Tant il est vrai qu'en science préhistorique il ne faut désespérer de rien, mais s'attendre à tout, et surtout au paradoxal et à l'imprévu.

Allons un peu plus loin et demandons à la science préhistorique ce qu'était l'être intelligent qui a taillé ou éclaté par le feu les silex de Thenay. La question peut être assez embarrassante. Ce n'était pas un homme, on vient de nous l'affirmer : ce n'était que l'ébauche de l'homme. Mais encore, cette ébauche de l'homme, quelle était-elle ? Empruntons la réponse à M. Hovelacque. Dans l'opinion de M. Hovelacque, il n'aurait manqué au précurseur de l'homme que le développement de la troisième circonvolution frontale du cerveau : sauf cette particularité,

[1] *Association française*, Lyon, 1873, p. 613.
[2] *Ibid.*, p. 614.

l'ébauche de l'homme ressemblait à l'homme. Je cite : « En somme, l'homme n'est homme que parce qu'il possède la faculté du langage articulé dont nous connaissons aujourd'hui le siége. Les anthropoïdes (les singes) sont les restes de ce précurseur de l'homme qui n'ont point vu se développer en eux la troisième circonvolution frontale du cerveau dans laquelle réside cette faculté, ou, pour mieux dire, qui est le siége de cette faculté. Ces infortunés, arrêtés dans leur développement, traînent une existence misérable et sont condamnés irrémissiblement à une mort prochaine, tandis que leur frère a fait des progrès énormes et s'est à grands pas éloigné d'eux [1]. »

Le précurseur de l'homme n'est pas le singe : M. Hovelacque prend le souci de nous en avertir sérieusement : « Gardez-vous de croire, cependant, que nous devions ranger le gorille, le chimpanzé et les autres anthropoïdes parmi nos ascendants. Il ne faut point savoir ce que c'est qu'un chimpanzé ou un gorille pour en faire l'ancêtre de l'homme. Mais que, tous ensemble, ils proviennent d'un ancêtre commun (le précurseur), c'est une autre question, et toutes les présomptions sont en faveur de cette hypothèse [2]. » Quand on se livre à de pareils raisonnements, je comprends que l'on ait la métaphysique en horreur. Il ne manque plus que d'envelopper dans le même dédain la métaphysique et la logique. M. Hovelacque ne veut pas que nous soyons les fils du gorille, mais il veut que nous soyons les fils du père du gorille. Celui qui voit une très-grande différence entre ces propositions pour le résultat final est prié de la faire sentir. Pour moi, je me demande ce que devait être le père du gorille, qui fut aussi le précurseur de l'homme.

M. Hovelacque ne renonce pas à l'espoir de nous en faire concevoir une idée nette. Transcrivons encore quelques lignes : « Si la faculté du langage articulé est la seule caractéristique de l'état d'homme, il faut bien admettre que le précurseur de l'homme, n'étant pas homme, ne possédait point cette faculté. Il n'y a là qu'une question de développement cérébral. Pensez à ces hommes manqués que l'on appelle microcéphales; il en est

[1] Hovelacque. *Lettre sur l'homme préhistorique du type le plus ancien*, p. 12. 1875.

[2] *Ibid.*, p. 12.

parmi eux qui ne possèdent point la faculté dont nous parlons, pour une cause très-simple, c'est que l'organe qui en est le siége leur fait défaut. Avec M. Vogt, je ne puis voir en eux que des phénomènes d'atavisme[1], » c'est-à-dire un de ces coups de retour par lesquels un être reproduit en lui les maladies ou les difformités de quelqu'un de ses aïeux.

Nous y voilà : pour M. Hovelacque, un idiot muet, c'est là le type du précurseur de l'homme, le type du père commun de l'homme et du singe.

M. Zaborowski ne prend pas tant de détours : « L'homme actuel étant le dernier terme d'une longue évolution, la filiation a sans doute été si intime, la gradation si continue que, dans le cas improbable où nous pourrions reconstituer toutes les lignes de notre arbre généalogique, il nous serait impossible de dire où l'animal finit et où l'homme commence[2]. »

Qu'est-ce donc que le précurseur de l'homme? Il est où l'animal finit et où l'homme commence. Peut-on le définir? non, chose impossible, et physiquement et métaphysiquement. Je n'ai pas de réponse plus claire à donner. Voilà le dernier mot de la science préhistorique sur l'homme tertiaire. Si nous n'en savons pas plus, prenez-vous en à notre développement cérébral.

L'homme fossile. Nous serons assez bref sur ce point. Nous ne voulons que préciser, si c'est possible, la signification de ce terme : *l'homme fossile*, et prévenir l'illusion qu'il tend à produire, s'il n'est pas bien compris. Il y a bien quelque difficulté, car le mot *fossile* a chez divers auteurs un sens plus ou moins étendu. Les auteurs anciens comprenaient sous ce terme toutes les substances minérales extraites de la terre par des fouilles directes. Plus tard, dans les divisions établies par Linnée, le nom de *petrificata* vient, comme division des *fossilia*, s'appliquer aux corps organisés trouvés en terre. Aujourd'hui même, les savants ne sont point encore parvenus à s'entendre. Ainsi tel géologue, prenant en considération les seuls caractères tirés de la nature organique de l'objet enfoui et de son

[1] Hovelacque, *Lettre sur l'homme préhistorique du type le plus ancien*, p. 15.

[2] *Résumé de la préhistoire*, p. 51. — Un Allemand a trouvé un nom pour cet être indéfinissable : il l'appelle le *pithékanthrope* (*Revue scient.*, 7 août 1875).

degré de transformation minérale plus ou moins avancée, ne place au rang des fossiles que ceux de ces corps chez lesquels le changement est complet, et qui sont, pour parler avec le vulgaire, vraiment *pétrifiés*. Tels autres se sont contentés d'exiger, comme condition essentielle de fossilisation, un commencement de transformation de la substance organique en matière pierreuse. Un grand nombre, sans tenir compte des changements chimiques ou minéralogiques, font passer en première ligne l'âge présumé du corps organisé enfoui dans les strates géologiques et ne voient de véritables fossiles que dans les terrains relativement anciens. Plusieurs même, comme Cuvier, ont refusé le titre de fossiles aux corps organisés que l'on trouve dans le diluvium ou terrain de transport, aussi appelé terrain quaternaire : l'ère des fossiles finirait avec le terrain tertiaire.

Après ces préliminaires, nous ne nous étonnerons plus de la divergence des opinions à propos de *l'homme fossile*. Cuvier, suivi de ses disciples, entre lesquels nous voyons Élie de Beaumont, n'admet pas qu'il y ait des ossements humains fossiles. Pour Cuvier, les vestiges de l'homme ne se montrent jamais dans le terrain tertiaire ; mais ils sont uniquement confinés dans le terrain quaternaire et le terrain moderne, et, dans ces conditions, on ne doit pas les appeler des fossiles, pas plus que les ossements d'animaux et les coquilles que l'on retrouve avec eux.

Alcide d'Orbigny a été l'un des premiers à parler de l'homme fossile; mais il n'entend pas le mot fossile comme l'école de Cuvier. Le célèbre paléontologiste veut que l'on appelle du nom de fossile tout corps ou vestige de corps organisé enfoui naturellement dans les couches terrestres et se trouvant aujourd'hui en dehors des conditions normales actuelles d'existence. A ce compte, les fossiles humains seraient nombreux ; mais cette dénomination ne devrait causer aucune inquiétude ; car, en beaucoup de cas, de l'aveu de tous les géologues, l'homme fossile ne serait autre que l'homme historique. Citons quelques exemples.

L'homme fossile de la Guadeloupe, aujourd'hui déposé au Muséum de Paris, appartient à l'époque récente, quoiqu'il ait été trouvé empâté dans une roche solide de carbonate de chaux.

Mais cette roche continue encore à se former de nos jours, et des ossements humains qui tomberaient actuellement en cet endroit deviendraient bientôt des fossiles.

D'Orbigny cite encore des morceaux de poterie et des rouleaux de terre, trouvés dans les plaines de l'Amérique méridionale, sur les bords du Rio-Securi, au-dessous de 6 mètres de sables fins alternants avec des lits d'argile, et ne refuse pas à ces objets le nom de fossiles. Mais, malgré la grande épaisseur d'alluvion qui les recouvre, ces objets ne remontent pas au déluge : ils appartiennent à l'époque récente.

Les tourbières d'Irlande recèlent dans leur fond des fragments de poterie, des haches en silex, des squelettes humains complets ; on y a même trouvé un cadavre ayant subi ce genre de décomposition qui donne naissance à l'apodicire, et les débris d'un manteau de peau. Ces objets sont accompagnés des os d'un grand quadrupède disparu, l'élan aux grandes cornes, *Cervus megaceros*, dont les bois avaient 3 mètres d'envergure. Nous dirions avec d'Orbigny que toutes ces espèces sont fossiles : elles sont certainement très-anciennes, mais elles ne devancent pas les temps historiques.

Nous venons de le faire voir : l'emploi de cette dénomination , *l'homme fossile*, est tout à fait inoffensif, quoique, dans le sens obvie, le mot comporte l'idée d'une grande ancienneté. On aurait donc pu s'abstenir de changer encore une fois le sens de ce terme. Mais la science préhistorique a de grandes prétentions : elle veut toucher à tout, et souvent elle embrouille ce qui était suffisamment clair.

Les partisans de la préhistoire ont voulu à toute force avoir leur homme fossile, mais un homme fossile qui fût bien préhistorique, et ils ont été obligés de se séparer à la fois de Cuvier et de d'Orbigny. Contre l'illustre auteur des *Révolutions du Globe* ils soutiennent que les ossements humains et les outils d'industrie humaine enfouis dans le diluvium sont de vrais fossiles ; mais ils n'accordent pas à Alcide d'Orbigny que le squelette de la Guadeloupe ou les ossements des tourbières soient des fossiles proprement dits.

La difficulté va être de tracer la démarcation nette et précise entre l'homme non fossile et l'homme fossile. Écoutons un auteur qui se propose de nous instruire sur ce point[1]. « Les couches superficielles du globe consistent en terrains d'alluvions ou de transport généralement composés de débris pulvérulents. Ces alluvions sont postérieures aux terrains tertiaires et les recouvrent. On partage ces alluvions en deux groupes appartenant à deux époques consécutives : les alluvions anciennes et les alluvions modernes. Les alluvions anciennes, aussi appelées *diluvium*, *étage diluvien*, *terrain quaternaire*, renferment seules de véritables fossiles humains. Les vestiges de l'homme trouvés plus haut, dans les alluvions supérieures, ne méritent pas le nom de fossiles ; car ils ne répondent pas à la « grave pensée » exprimée par ce mot. »

Voilà tous les renseignements que l'on nous donne. A nous maintenant de deviner si tel os ou tel autre objet se trouve dans les conditions voulues pour être décoré du nom de fossile ; regardons s'il est dans les alluvions d'en bas ou dans les alluvions d'en haut. Mais comment distinguer facilement entre alluvion et alluvion, surtout si nous nous rappelons que les alluvions supérieures peuvent se trouver sans les alluvions inférieures ? Quand j'écoutais Cuvier ou d'Orbigny, chacun d'eux me donnait une définition assez nette. La science préhistorique n'a pas le don d'être précise et claire ; quand elle touche à une notion, elle la rend aussitôt vague et équivoque. Je sais bien que, pour déterminer davantage son homme fossile, elle nous parle de silex taillés de diverses formes, d'animaux éteints, etc., et nous allons précisément la suivre sur ce terrain. Mais retenons que la dénomination d'homme fossile n'entraîne pas nécessairement une grande antiquité, une antiquité si grande qu'il faille se reporter à une époque préhistorique. Souvenons-nous aussi que, quand la science préhistorique nous présentera son homme fossile, nous ne sommes pas obligés de la croire sur parole, mais que nous pouvons et devons exiger les pièces qui démontrent l'authenticité de la trouvaille. Enfin, ne nous laissons pas payer de mots ; mais demandons des faits et des conclusions légitimes, logiques ; la bonne science est à ces conditions.

[1] V. Meunier, *les Ancêtres d'Adam*, p. 7.

DEUXIÈME PROPOSITION : *La science préhistorique n'a point les caractères d'une vraie science.*

Une science est un ensemble de notions ou connaissances, liées entre elles, non d'après des rapports superficiels ou arbitrairement établis, mais d'après la raison et la nature même des choses. Que cette science soit complète ou incomplète, elle doit satisfaire à cette définition générale, ou bien il faut renoncer à l'appeler une science.

Nous distinguons donc, en toute science qui mérite ce nom, trois choses bien distinctes l'une de l'autre : d'abord un ensemble de faits ou de connaissances particulières sur lesquelles s'est exercé l'esprit humain ; — ensuite, un certain ordre, un certain enchaînement, un agencement méthodique de ces vérités particulières, pour en saisir les rapports et la liaison ; — enfin une conclusion, une loi ou vérité générale qui s'impose à l'esprit comme conséquence de tout le travail précédent.

Cherchons à démêler ces trois choses dans la science préhistorique, et commençons par voir si cette science atteint un but, découvre une vérité qui lui soit propre. Elle nous l'affirme : elle nous dit qu'elle est arrivée à cette conséquence importante, tout à fait ignorée avant elle, que le genre humain est très ancien, et qu'il a commencé d'exister à une époque bien antérieure à celle que lui assignent la Bible et les traditions ou histoires de tous les peuples. Elle a découvert cette vérité, dit-elle, et c'est pour cela qu'elle s'est donné un nom qui rappelle le but atteint : elle se nomme la science préhistorique, ou la science antéhistorique, la science des temps qui ont précédé l'histoire. Le lecteur sait parfaitement que nous ne formons pas ici une science préhistorique de fantaisie, pour avoir ensuite le plaisir de la combattre. Nous avons cité des textes dans lesquels on ne nous parle pas de moins de vingt, trente, quarante et même cent mille ans pour exprimer le temps que l'homme a déjà vécu. Or nulle histoire, nulle tradition sérieuse ne prétend remonter aussi haut. La science préhistorique a donc une conclusion.

D'un autre côté elle a des faits, des faits nombreux, et nous en accordons volontiers autant qu'on peut raisonnablement l'exiger. Il y a donc certainement des silex taillés, il y a des os travaillés et couverts de sculptures, il y a des ossements d'animaux éteints, des ossements humains : on recueille ces objets sur la superficie du sol ; on en trouve à quelques mètres de profondeur ; on en rencontre dans des cavernes, et même sous des croûtes de calcaire stalagmitique. Il faut être généreux de ce côté, et n'avoir point peur des faits : demandons seulement qu'on laisse à chacun des faits sa valeur, ses circonstances, et qu'on ne le modifie en rien par parti pris. Puisqu'il y a des découvertes nombreuses et des faits, la science préhistorique est en règle sur ce point.

Mais il reste un troisième point : il faut passer légitimement, en bonne logique, des faits particuliers à la conclusion générale ; c'est là que nous arrêtons la science préhistorique. La science préhistorique prétend qu'il y a une liaison entre les découvertes qu'elle a faites et la conclusion qu'elle défend. Nous prétendons que la liaison qu'elle établit est arbitraire, sans fondement, illogique, et par conséquent illégitime. La science préhistorique veut nous convaincre que l'humanité est très-vieille et bâtit des arguments sur toutes les pièces qu'elle a accumulées dans ses musées et rangées à sa guise dans ses vitrines. Elle met en avant : l'argument archéologique qui se base surtout sur les diverses formes du silex taillé, l'argument paléontologique qui s'appuie sur les fossiles éteints, l'argument anthropologique qui fait grandement valoir les particularités des ossements humains ; enfin l'argument géologique qui tient compte des matériaux variés, accumulés en grande épaisseur sur les vestiges de l'homme fossile. C'est à peu près tout.

Le point important est de voir si ces arguments ont force probante. On nous affirme bien que les raisons sont telles que nul esprit éclairé ne peut leur résister. « La démonstration est faite, dit celui-ci, pour ceux qui veulent bien prendre la peine de voir, et après cela juger en conscience. » — « Il n'y a qu'un partisan aveugle du *Syllabus*, dit cet autre, qui puisse se refuser à suivre la science contemporaine dans son progrès et à reconnaître avec elle l'antiquité du genre humain. »

Pour moi, je me dis que si les arguments mis en avant étaient si clairs et si décisifs, il ne serait pas nécessaire de les faire valoir avec tant de bruit : ils agiraient par leur propre force. D'ailleurs pour conserver le droit et la liberté d'examiner à mon aise s'il y a un lien logique entre les faits réputés préhistoriques et la conclusion qu'en tire la science préhistorique, je consens volontiers à passer pour rétrograde. La marche en avant dans l'erreur ou le sophisme ne fut jamais un progrès.

Reprenons chacun des arguments dans l'ordre indiqué plus haut.

Argument archéologique [1]. — Boucher de Perthes a dit : « Quel que soit le nombre de siècles qui couvrent un peuple, il est un moyen de l'interroger et de connaître quelles ont été sa taille et son intelligence : ce moyen, c'est de mesurer son œuvre [2]. » Ces quelques mots nous dévoilent toute la portée qu'on donne à l'argument archéologique. Mesurez l'œuvre, vous avez mesuré l'homme. C'est comme une parodie de la parole de Buffon : Le style, c'est l'homme. Aujourd'hui on nous dit : le silex, c'est l'homme ; tel silex, tel homme. Buffon parlait de l'individu ; les préhistoriens parlent de l'espèce : il y a certainement une différence appréciable.

Boucher de Perthes a été merveilleusement compris ; car depuis vingt ou trente ans, que de silex n'a-t-on pas ramassés ! Cependant n'allons pas nous persuader que reconnaître un silex ouvré soit la chose la plus facile du monde ; nous serions dans une grave erreur. A l'époque où commencèrent les recherches de Boucher de Perthes, aucun ouvrier n'établissait la distinction entre les silex taillés et les pierres brutes : cet état d'ignorance durait depuis plus de dix-huit cents ans, et il fallut bien des explications pour persuader aux terrassiers que ces silex méritaient d'être recueillis. « Car, ajoute le créateur de la préhistoire, il ne faut pas croire que le premier aspect suffit et qu'au milieu des élaborations de la nature, il est toujours facile de reconnaître ce qui émane de la main de l'homme. Oui, de l'homme civilisé ; mais de l'homme primitif, de l'homme brut, non. Et quand cet homme, quand ce sauvage n'a d'autre moteur que ses bras, d'autre outil qu'une pierre, d'autre modèle que la nature,

[1] *Études religieuses*, avril 1875 : de la valeur de l'élément archéologique pour les chronologies préhistoriques.

[2] *Antiquités celtiques et antédiluviennes*, t. I, initio.

et la nature agreste, alors son œuvre, aussi imparfaite que ses outils, aussi agreste que cette nature, s'en rapproche si fort qu'il faut une étude réelle pour la séparer de sa matière et déterminer si, ébauche d'un travail ou simple apparence de ce travail, elle est le résultat de la volonté d'un être ou le simple jeu de l'élément [1]. »

On pourrait donc prendre assez bonnement l'apparence pour la réalité, le jeu de la nature ou une cassure fortuite pour un travail humain, et l'on serait ainsi exposé à mesurer la taille et l'intelligence de l'homme d'après ces pièces apocryphes ? Vraiment, l'on ne parvient pas toujours à se défendre de cette crainte, quand on voit ce qui a été ramassé, même par des personnages diplômés dans la partie. Il ne faut pas nous en vouloir à nous autres, gens du vulgaire, si nous n'avons point la perspicacité de Boucher de Perthes et de ses élèves.

Mais accordons-le : tous les silex classés dans toutes les vitrines de tous les musées portent la trace évidente de la main de l'homme. Que va-t-on faire de tous ces cailloux ? Eh bien ! on va les ranger suivant la similitude des formes et la grossièreté du travail ; on formera une série ascendante, depuis l'ouvrage le plus imparfait, à peine ébauché, à peine différent du silex naturel, jusqu'à l'instrument poli, le plus parfait, le plus délicat. Cet arrangement méthodique, mais trop artificiel, on le voit déjà, va se prêter de lui-même aux conclusions que l'on désire en tirer. Voyez plutôt. N'est-il pas d'abord évident qu'il y a eu gradation dans la perfection du travail ? Or le silex, c'est l'homme. L'homme a donc marché de progrès en progrès, et nous avons la théorie de l'évolution, du développement successif et très-lent des facultés humaines. Voulez-vous savoir de quel point infime l'homme est parti ? Jetez un regard sur notre collection de silex. A une des extrémités de la chaîne qu'elle forme, au commencement, voici des pierres à peine dégrossies, à peine taillées, grossières, tout à fait grossières : c'est la première œuvre de l'homme que nous puissions distinguer ; l'homme qui vivait auparavant, si toutefois il y en avait un, ne savait même pas tailler le silex et se servait de la pierre brute. Quel homme

[1] *Antiquités celtiques et antédiluviennes*, p. 4.

borné, stupide, devait être l'homme de ce silex; car le silex, c'est l'homme! Peut-il, je vous le demande, rester le moindre doute sur le degré d'infériorité intellectuelle de l'être qui ne savait faire que ce seul ouvrage? Est-il même bien sûr que l'homme primitif fût développé jusqu'à être intelligent? Mme Clémence Royer, et c'est une autorité, semble en douter : « Il parait évident, disait-elle au milieu d'une savante assemblée, que l'homme de Saint-Acheul était doué de l'habitude ethnique de tailler la pierre, qu'il la taillait en vertu d'un instinct spécifique fatal, comme l'abeille qui bâtit une cellule. De là cette constance de formes, presque mathématique (je laisse toujours parler Mme Royer), cette similitude de travail, cette identité de résultats, impliquant l'identité de moyens, avec une sûreté de main et de coup d'œil que l'instinct ou la longue habitude héréditaire seulement peut arriver à produire, mais que l'intelligence n'atteint jamais [1]. »

M. de Castelnau avait déjà dit : « Une race qui n'aurait laissé d'autres traces de son industrie que ces objets grossiers et presque informes (les silex de la Somme) serait à peine supérieure aux singes. Il ne faudrait pas ajouter grand' chose à l'intelligence des gorilles pour les rendre capables d'en faire autant [2]. »

Voilà pour l'intelligence de l'homme primitif. Voulez-vous savoir quelque chose de ses mœurs, on va vous en parler : car le silex, c'est l'homme; le silex mesure tout l'homme, non-seulement son intelligence, mais encore sa taille, etc. Écoutons M. Cartailhac : « En remontant vers le commencement des temps quaternaires, je vois l'industrie de plus en plus pauvre et l'homme devenir en même temps plus sauvage. On n'a pas trouvé une peuplade vivante aussi peu civilisée que devaient l'être les populations, munies, pour toute arme et pour tout instrument, de la pierre tranchante et pointue de Saint-Acheul. Nous avons une idée des luttes *corps à corps* de ces sauvages primitifs entre eux ou contre les redoutables carnassiers... Il n'y a rien de plus primitif que cela, si ce n'est le caillou brut et l'homme armé de la pierre non travaillée [3]. »

[1] *Association française*, Lyon, 1873, p. 615.
[2] *Association française*, Lyon, 1873, p. 617.
[3] Société d'anthropologie de Paris. 1860. — *Les Ancêtres d'Adam*, p. 98.

On y tient ; on veut à toute force que l'humanité ait commencé par l'état de la plus extrême sauvagerie et par une vie d'instinct brutal et grossier. Dans ce système, il ne peut plus être question de l'âge d'or des poëtes, du paradis terrestre des chrétiens, et l'on s'écrie que l'édénisme est une légende. Et tout cela a pour base le silex, et quel silex !

Mais, d'après les principes de la science préhistorique, le silex doit encore nous donner autre chose. M. Broca nous avertit en effet que le mode de fabrication des instruments, leur forme, leur nature, ont dû nécessairement varier, pendant l'immense période quaternaire, comme variaient les besoins, le genre de vie et l'état social de l'homme qui les employait[1]. En un mot : le silex c'est l'homme, et voilà pourquoi la période de la pierre se divise en plusieurs âges successifs, l'âge acheuléen, l'âge moustiérien, etc., caractérisés chacun par une forme d'outil. Ainsi, l'homme de Saint-Acheul, le premier homme quaternaire, affectionnait le silex taillé en forme d'amande ; une des générations suivantes, l'homme du Moustier, trouvait plus de son goût le silex en pointe triangulaire.

Mais quel rapport y a-t-il entre tous ces beaux raisonnements et l'ancienneté de l'homme ? Le voici. Si vous admettez que l'homme est parti de la plus extrême sauvagerie, de la plus extrême imbécillité pour arriver jusqu'au degré d'intelligence dont nous jouissons, on vous fera remarquer que cette évolution, ce progrès, ne s'est pas accompli en un jour, mais qu'il a exigé des milliers de siècles. Nous arrivons ainsi à admettre une immense période préhistorique. Cette conclusion se trouvera confirmée par le grand nombre d'étapes qu'a faites l'humanité en parcourant ce long chemin, et ces étapes sont aussi nombreuses que les formes ou types du silex taillé. Voilà dans sa force l'argument archéologique.

A toute cette argumentation que vais-je opposer ? On se base sur le silex. Examinons le silex. Le silex taillé serait la caractéristique des commencements de l'humanité : répondons que le silex taillé est de tous les temps, jusque et y compris notre XIXe siècle. Les formes du silex distingueraient les étapes de

[1] Conférence sur les Troglodytes de la Vézère, à Bordeaux. 1872.

l'humanité : répondons que les silex de toutes les formes se trouvent ensemble et sont contemporaines. A des théories systématiques nous répondons par des faits.

Notre premier fait ne peut être nié. Les navigateurs contemporains ont trouvé les insulaires de l'Océanie encore armés de la pierre taillée, et plus d'un s'est fait une collection de ces armes et outils qui peuvent soutenir la comparaison avec les instruments recueillis en France. De même les missionnaires du nord de l'Asie ont rencontré des peuplades continentales qui en sont encore à l'âge de la pierre, de la simple pierre taillée [1]. Quand les Européens firent invasion en Amérique, ils se trouvèrent en face de certains peuples passablement civilisés, comme leurs récits en font foi, et qui faisaient encore usage de la pierre. Et, s'il faut citer un autre exemple bien remarquable, n'avons-nous pas assez de documents pour établir solidement cette proposition, que les Romains rencontrèrent dans les Gaules, soit au moment de la conquête, soit même plus tard, des tribus ou des peuples qui taillaient le silex ? Et cependant l'époque préhistorique avait pris fin depuis longtemps [2].

Le second fait est aussi facile à prouver. La meilleure manière de voir toute la vérité serait de visiter une collection, dans laquelle les objets auraient été rangés, non point suivant un ordre artificiel et arbitraire, mais par localités ou stations. Nous serions étonnés de rencontrer, à la fois et sur un même point, les formes les plus variées, les plus diverses, et réunis ensemble les types par lesquels on prétend caractériser des âges distincts [3]. Nous ne pouvons nous étendre sur ce point que nous avons longuement traité il y a quelques mois. Citons seulement deux exemples.

Saint-Acheul d'abord ne peut être omis : les partisans de la préhistoire se croient là sur leur terrain. Eh bien ! à Saint-Acheul, il n'y a pas seulement une seule forme de silex, mais on trouve de nombreuses formes, on les trouve toutes. Les pre-

[1] *Études religieuses*, octobre 1875 : les Esquimaux.

[2] *Études religieuses*, janvier 1876 : l'usage de la pierre polie existait encore dans les Gaules quand les Romains firent la conquête de ce pays.

[3] *Études religieuses*, octobre 1875, p. 506 : les diverses formes de silex taillés ont été contemporaines et utilisées simultanément dans les mêmes stations.

miers archéologues qui fouillèrent le diluvium acheuléen n'en retirèrent pas moins de quatre sortes d'outils, la hache obovale, le silex en amande, l'instrument pyriforme et le couteau. Depuis cette époque, M. d'Acy a recueilli à Saint-Acheul les diverses formes dites du Moustier, comme pointes triangulaires, grattoirs, racloirs ; et il affirme que non-seulement elles y existent, mais encore qu'elles y sont communes. M. Hamy lui-même constate que la forme dite acheuléenne ne compte, à Saint-Acheul, que pour cinquante-cinq centièmes environ de la masse totale des pierres travaillées[1]. Les quarante-six autres centièmes appartiennent donc à d'autres types ; et nous voyons ce qu'il faut penser de la constance de formes presque mathématique, d'après laquelle on concluait au grossier et brutal instinct. Combien d'autres stations célèbres, le Moustier, Solutré, le mont Dol, Précy-sur-Oise, Pressigny, etc., etc., nous donneraient des résultats analogues !

Mais nous devons citer une pièce importante dans la question présente. On n'a pas oublié les fouilles qui ont été faites en Troade par M. Schliemann[2]. La science préhistorique avait voulu s'emparer des résultats de ces fouilles et les faire tourner au profit de ses opinions. Mais M. Schliemann, attentif à laisser aux faits leur vraie valeur, a réclamé contre les modifications qu'on se permettait de leur faire subir. Il a écrit une lettre aux rédacteurs des *Matériaux* [3], et ces messieurs ont publié la lettre en la faisant précéder de l'observation que voici : « Il est généralement reconnu maintenant que la plupart des peuples ont passé, dans leur période d'enfance, par les mêmes vicissitudes industrielles. Les débris de la civilisation rudimentaire de l'âge de la pierre sont toujours à la base des autres ruines. M. Schliemann aurait-il trouvé une exception à la loi générale dans les ruines qu'il attribue à la Troie d'Homère ? Il affirme que dans ses fouilles il a toujours reconnu que « les signes de la civilisation « augmentent avec la profondeur, » c'est-à-dire qu'il rencontre l'inverse de ce que l'on observe dans les autres stations de l'an-

[1] *Études religieuses*, octobre 1875, p. 518-520 ; — avril 1875, p. 507.

[2] *Études religieuses*, août 1874.

[3] *Matériaux pour servir à l'histoire naturelle et primitive de l'homme*, p. 36. 1874.

tiquité, ou pour mieux dire de ce qu'on devrait observer d'après le système préhistorique. »

Donnons le principal passage de la lettre de M. Schliemann : « Votre opinion sur un âge de pierre à Troie est contredite par les faits que j'ai mis sous vos yeux. Les couches de décombres de l'âge de pierre devraient nécessairement se trouver tout en bas sur le sol vierge, et au-dessous de toutes les autres couches de ruines. Mais il n'y a rien de cela, comme j'ai eu l'honneur de vous l'expliquer plus d'une fois ; les signes de la civilisation augmentent dans le site de Troie avec la profondeur, et justement les plus belles poteries sont entre 10 et 15 mètres au-dessous de la surface du sol ; les vases y ont toujours deux tuyaux de chaque côté, et, dans la même direction, un trou dans l'orifice, pour être suspendus au cordon : toutes les jattes ont de longs tuyaux horizontaux de suspension. Ces terres cuites, tant par leur qualité que par leurs ornements, dépassent de beaucoup tout ce qu'on trouve dans les couches de débris des nations suivantes : parmi ces ornements gravés et remplis d'argile blanche pour qu'ils frappent les yeux, on trouve représenté le *swastika*[1] et la tête de chouette ; ce qui prouve que cette première nation était de race aryenne. J'y ai trouvé une cinquantaine de broches d'habits, un couteau de bronze ou de cuivre doré, une très-belle broche de cheveux en argent et bien une centaine de beaux ciseaux, haches et autres instruments en pierre. Je vous jure que les décombres de cette couche énorme, de 4 à 6 mètres d'épaisseur ne sont pas le moins du monde entremêlés avec ceux des véritables Troyens entre 10 et 7 mètres sous terre, car je n'ai jamais trouvé dans ces couches la moindre trace de la belle poterie des premiers habitants, ni ai-je trouvé chez ceux-ci la moindre trace de la terre cuite troyenne. J'ai trouvé chez les Troyens *au moins* vingt fois *plus* d'instruments en pierre, surtout en diorite, que chez la première nation, et peut-être aussi au moins

[1] Le *swastika*, c'est-à-dire une sorte de croix de saint André, une sorte d'X, dont les quatre extrémités sont recourbées dans le même sens comme dans le tourniquet électrique. On voit ce signe sur la poupe des navires conduisant Râma à la conquête des Indes et de Ceylan, dans les temples des Indes, sur des urnes et pierres sépulcrales celtiques, sur la chaire de Saint-Ambroise à Milan, jusque dans les catacombes. A propos de ce *swastika*, on s'est donné la peine bien inutile d'écrire des pages sur le signe et le culte de la croix avant Jésus-Christ.

vingt fois plus de terre cuite, mais tout à fait d'un autre genre... Entre 7 et 4 mètres, vous voyez un peuple tout différent. Je croyais avoir découvert chez cette nation l'âge de la pierre, car j'y trouvais par milliers des instruments de pierre; les ciseaux de diorite seulement sont excellemment travaillés; tous les autres instruments sont très-rudes. Il y a pourtant des instruments en cuivre, mais ils sont rares. De plus, toutes les terres cuites montrent une grande infériorité en comparaison avec celle des Troyens, etc. »

La Troade a eu son âge d'or, et l'âge de la pierre ne serait venu que plus tard. Évidemment l'argument archéologique des préhistoriens a besoin d'être notablement retouché, et il ne suffit pas d'un silex pour mesurer soit l'intelligence, soit la taille, soit l'ancienneté de l'homme ; nous ne sommes nullement forcé d'admettre l'axiome : tel silex, tel homme. C'est là que nous en voulions venir.

On pourrait nous dire que le silex par lui seul ne prouve rien, mais que par son gisement il acquiert une grande valeur. Ce point de vue rentre dans l'argument géologique, et nous y viendrons bientôt.

Argument paléontologique. — La faune quaternaire, c'est-à-dire l'ensemble des animaux au milieu desquels vivait l'homme primitif, différait de la faune actuelle. Ces modifications ne regardent point précisément le nombre des individus, mais le nombre des espèces, et, un point qu'il importe de noter, c'est que pas une espèce nouvelle n'est apparue depuis la formation du diluvium, mais que le nombre des types zoologiques a été constamment en diminuant. De nos jours encore le même phénomène se continue[1]. Qui n'a entendu parler du Dronte de l'île Maurice, qui a disparu au XVIIe siècle, du Dinornis de la Nouvelle-Zélande ? L'Égypte a, de mémoire d'homme, perdu deux espèces de crocodiles. Tout récemment, l'infatigable explorateur de Madagascar, M. Grandidier, nous disait qu'autrefois, il y a quelques générations, un grand oiseau, l'Épiorinis, parcourait la grande île avec de grands pachydermes, comme l'hippopotame, et des tortues gigantesques, des crocodiles; aujourd'hui ces animaux ne

[1] *Etudes religieuses*, décembre 1875 : note sur l'émigration et l'extinction des espèces animales depuis l'ère chrétienne.

vivent plus que dans les récits traditionnels et ne sont plus représentés que par leurs ossements conservés dans nos musées, etc.

La faune va donc sans cesse en s'appauvrissant. Si nous reprenons les choses à partir des temps antédiluviens, nous pouvons classer les grands animaux en trois catégories, sous le rapport de la destinée qu'ils ont eue[1].

Les uns ont traversé la période quaternaire et prolongé leur existence jusqu'à nos jours ; tels sont : le bœuf, le buffle, le cheval, le cerf commun, l'aurochs, etc. Les seconds ont également survécu à l'époque quaternaire et apparaissent dans les alluvions modernes, mais le principe de vie de leur espèce s'est épuisé avant les temps présents : tel est l'élan aux grandes cornes, que, d'après Marcel de Serres, les Romains faisaient venir d'Angleterre. Enfin, la troisième catégorie comprend les animaux qui n'ont pas dépassé la période quaternaire et se sont éteints pendant la formation du diluvium, ou des dépôts géologiques analogues. Tels sont, en Europe, l'éléphant primitif ou Mammouth, diverses espèces de rhinocéros, d'hippopotames, d'ours, de lions, d'hyènes, etc. En Amérique, le Mégathérium, le Mégalonix, le Mylodon, le Glyptodon et le cheval lui-même. Car, si le cheval était inconnu au Nouveau-Monde lors de la découverte de ce continent, les travaux de M. Lund nous ont appris qu'il y avait existé avant l'époque diluvienne.

Ce ne sont encore là que des faits, et nous n'avons nullement la pensée de les mettre en doute, ou même de les examiner de très-près. Que l'on ait trop multiplié les espèces, que l'on ait fait valoir outre mesure des différences zoologiques de moindre importance pour augmenter le nombre des types disparus, et par là même pour donner une valeur un peu surfaite aux recherches paléontologiques, cela est possible, peut-être même probable. Mais nous laissons de côté ces critiques de détail, et nous admettons volontiers l'ensemble des faits ainsi que cette proposition que l'on en déduit : l'homme a vécu en même temps que le Mammouth, il a été contemporain du lion, de l'hyène, du grand ours, du Mégathérium, du Glyptodon et autres animaux de formes aussi étranges. Il reste cependant encore à dire comment ces faits

[1] *Les Ancêtres d'Adam*, p. 8.

paléontologiques deviennent un argument pour démontrer l'existence de l'homme à une époque très-reculée, prétendue préhistorique. Ici il faut introduire un principe, un de ces principes que la science préhistorique tient en réserve pour les cas analogues. Or, ce principe, cette assertion, la voici : c'est que la modification d'une faune ne se fait qu'avec une extrême lenteur.

N'accordons point trop vite cette proposition, car si nous la regardions comme un axiome, nous pourrions être forcés d'accorder des milliers de siècles pour exprimer la durée déjà écoulée de l'humanité. En effet, si les changements dans la faune s'accomplissent avec tant de lenteur, si les espèces animales ont tant de peine à s'éteindre, quel laps de temps n'a pas dû s'écouler pour que l'homme pût voir disparaître deux ou trois espèces d'éléphants, trois espèces de rhinocéros, des espèces d'hippopotames, de cerfs, d'ours, de lions, d'hyènes, etc., etc. Pour peu que l'on y pense, l'imagination s'effraie de la suite des chiffres qu'il faudrait aligner pour exprimer la longueur de ce temps.

Avons-nous besoin d'insister ? Nous venons de découvrir le point vulnérable de l'argument. Il n'est pas du tout évident qu'il ait fallu un si long temps pour éteindre toutes ces espèces.

D'abord est-il bien certain que toutes ces extinctions d'espèces aient été successives ? Un seul déluge n'a-t-il pas pu suffire pour produire en grande partie et d'un seul coup ce travail et jeter pêle-mêle les os de ses victimes d'espèces diverses dans les grottes, les crevasses de rochers et les dépôts caillouteux où nous retrouvons les ossements ? Quoi que l'on fasse, il est un fait avec lequel la science, et même la science préhistorique, doit compter : ce fait est le déluge. M. Hovelacque peut bien écrire : « C'est un mythe que le déluge universel, c'est une fable, une légende... Nulle part on n'a trouvé les traces géologiques d'un véritable déluge. » M. Hovelacque n'a nullement qualité pour nous imposer ses opinions, et nous préférerons toujours à ses affirmations sans preuve le témoignage unanime des traditions de tous les peuples et le témoignage des faits.

Tous les peuples ont gardé le souvenir d'un grand cataclysme, d'une terrible inondation qui détruisit presque entièrement le

[1] *Lettre sur l'homme préhistorique*, p. 6. 1875.

genre humain. Il n'entre point dans notre cadre d'en développer la preuve. On trouve les témoignages de cette tradition unanime et constante dans beaucoup de sérieux ouvrages, et dernièrement ces documents ont été rappelés par M. l'abbé Lambert et M. l'abbé Gainet[1].

Invoquons brièvement le témoignage des faits, et prenons des exemples qui ne s'expliquent point sans une action diluvienne d'une force relativement considérable. Les cavernes à ossements vont nous en offrir.

Les cavernes à ossements sont de trois sortes. Les unes ont servi de demeure à l'homme au moins d'une manière temporaire, et l'on y retrouve ce qu'on appelle des foyers. D'autres grottes peuvent être considérées comme des sépulcres : l'homme n'y a été déposé qu'après son trépas. Ces deux sortes de grottes peuvent avoir été remplies plus tard, soit par des éboulis, soit par du limon amené par des infiltrations ou des inondations : mais ni l'une ni l'autre ne présente d'une manière bien nette le caractère que nous cherchons.

Il est une troisième espèce de cavernes à ossements. Ce sont des grottes profondes, formées de chambres communiquant entre elles par des boyaux et toutes remplies par du limon, du gravier d'alluvion contenant des ossements dépareillés de beaucoup de grands animaux, au milieu desquels se trouve l'homme. Tout est dans un tel état que l'on ne peut soutenir que les animaux ou l'homme soient allés dans ces grottes pour s'endormir tranquillement de leur dernier sommeil, et qu'il faut admettre que limon, cailloux, ossements, tout a été charrié du dehors jusque dans les profondeurs de ces caves naturelles.

Donnons pour premier exemple la caverne de Gailenreuth en Franconie. On y a trouvé un os maxillaire et un omoplate humain. Mais il suffit de voir le dessin qu'en ont donné les explorateurs pour être convaincu que cette excavation a été remplie par des eaux charriant du limon et des os. Les diverses chambres qui la composent sont disposées en cascade les unes en dessous des autres, et il faut des échelles pour passer d'un trou dans l'autre[2].

[1] Lambert, *le Déluge mosaïque*. 1870. — Gainet, *Accord de la Bible et de la géologie*. 1876.

[2] *Cours de paléont.*, t. II, p. 808.

Les cavernes d'Engis et d'Engihoul sont célèbres dans les annales de l'homme fossile. Elles ont été fouillées par Schmerling en 1829. Engihoul a fourni les restes de trois hommes ; Engis a donné le fameux crâne d'Engis et des os de trois individus. Or, la caverne d'Engihoul a-t-elle été habitée? Voyons ce qu'est cette caverne. Son entrée, nous dit Schmerling, basse et étroite, est située à 60 mètres au-dessus de la Meuse. Ce n'est d'abord qu'un boyau si rétréci qu'on ne le parcourt qu'à plat ventre. Après s'être ainsi avancé à reculons pendant 3 mètres, on arrive à une sorte de galerie où l'on peut se tenir sur les genoux et qui conduit à une chambre haute de 2 mètres : c'est là qu'ont eu lieu les fouilles. Après cette description, j'en crois volontiers Schmerling quand il dit qu'aucun des objets d'industrie qu'il a découverts n'a pu être introduit après coup dans la caverne : pierres taillées et os d'hommes ou d'animaux, car tout se trouve dans les mêmes conditions, ont été enfouis en même temps et de la même manière. Les eaux se précipitaient dans les cavernes par d'étroites fissures et y apportaient les matériaux organiques et inorganiques qui les remplissent : ces eaux charriaient beaucoup de débris d'animaux qu'elles avaient ramassés par ci par là, puisque le limon est riche en ossements d'ours, de grands pachydermes et de ruminants, nous dit Lyell.

La caverne d'Engis était peut-être encore plus inabordable. Schmerling, pour y entrer, devait se servir d'une corde à nœud qu'il attachait solidement au haut de l'escarpement et laissait pendre devant l'ouverture. L'homme d'Engis aurait-il trouvé ce moyen, ou s'en serait-il servi longtemps, lui que l'on dit d'une intelligence si bornée? Les ossements humains sont mêlés aux restes d'éléphant, de rhinocéros, d'ours, d'hyène, de cheval, de ruminants divers, et, depuis la catastrophe qui a rassemblé dans ce coin les dépouilles d'êtres si ennemis entre eux pendant leur vie, il s'est déposé sur le tout une croute stalagmitique dure comme le marbre[1].

Voilà des faits qu'on ne peut laisser de côté et qui s'expliquent difficilement sans le déluge. Mais, soit : ne parlons même pas de cataclysme pour rendre compte de l'extinction de tant

[1] *Recherches sur les ossements fossiles*, etc., par Schmerling. Liège, 1833-1834.

d'espèces dont nous retrouvons les vestiges dans le limon et les graviers remués par les eaux. Accordons que les espèces se sont éteintes doucement, lentement, le nombre des individus allant toujours en diminuant jusqu'à ce que le dernier représentant du type succombât sous le poids des ans. Admettons encore que cette extinction des espèces a été successive, et même que jamais deux espèces n'ont disparu à la fois, ou encore que deux espèces n'ont pas succombé dans le même siècle. Cependant, c'est bien assez, je pense, de mettre un siècle, cent ans d'intervalle entre la disparition de deux espèces. Maintenant veut-on compter cent espèces disparues? c'est peut-être beaucoup. Prenons cent espèces éteintes et une extinction par siècle, à partir de la disparition de l'élan, le *Cervus megaceros* connu des Romains, jusqu'où remonterons-nous? Jusqu'à dix mille ans avant l'ère chrétienne. Dix mille ans! Mais ce n'est pas beaucoup, et surtout ce n'est guère préhistorique!

Voilà tout l'argument paléontologique; car je n'ai rencontré aucun auteur qui fût disposé à soutenir qu'un ossement fossile portait avec lui son âge, comme une médaille sa date. Et si l'on fait entrer en ligne de compte la profondeur à laquelle se trouvent les ossements, on laisse l'argument paléontologique pour passer à l'argument géologique. D'ailleurs, si l'on trouve des ossements de Mammouth, par exemple, à 5 ou 6 mètres sous terre dans le diluvium de Saint-Acheul et ailleurs, il ne faut pas oublier qu'on le trouve aussi à fleur de terre dans les glaces, sur les bords de l'océan Arctique. C'est même là qu'ont été recueillis les plus beaux exemplaires avec leur chair, leur peau et leurs longs poils: comme l'individu trouvé à l'embouchure de la Léna, et un second découvert en 1866. Vraiment n'est-ce pas trop exiger de notre bonne volonté? On nous demande d'admettre bénévolement, sans motifs sérieux, que ces deux Mammouths en chair et en os gisaient là depuis trente, quarante mille ans et même plus, sans que jamais ils aient eu trop à souffrir des périodes glaciaires ou tropicales par lesquelles on se plait à faire passer notre globe? Ne serait-ce pas déjà bien assez de les faire remonter au déluge mosaïque, à cinq ou six mille ans? On a déjà assez de peine à concevoir et à expliquer comment cette chair et cette peau ont pu résister pendant soixante siècles, sans augmenter la difficulté en quadruplant ou décuplant ce nombre de siècles[1].

Argument anthropologique. S'il est un argument difficile à exposer avec brièveté en même temps qu'avec netteté, c'est bien celui que l'école préhistorique prétend tirer de l'examen des fossiles humains. Nous connaissons le sens que l'on attache à ces mots : *fossiles humains*. A propos de l'homme fossile, on a agité toutes les questions possibles : génération spontanée, évolution ou progrès continu, darwinisme ou transformation des espèces, poligénisme ou pluralité des espèces humaines, tout a été mis en réquisition pour aller au secours de l'homme préhistorique : le ban et l'arrière-ban de toutes les opinions les plus avancées et les moins prouvées ont été lancés en avant pour frayer la route à cet homme important. Il faudrait un volume pour suivre la science préhistorique dans tous les circuits par lesquels elle s'avance, et nous ne pouvons disposer que de quelques pages. Essayons de marcher avec méthode et clarté.

D'abord déblayons un peu le terrain, et, pour cela, empruntons quelques lignes à M. de Quatrefages. L'illustre professeur disait en 1872 : « Nous ne possédons guère, en fait de fossiles humains, que vingt-trois ou vingt-quatre crânes et six à sept squelettes, tous plus ou moins incomplets ; des mâchoires isolées et des fragments divers en plus grand nombre viennent sans doute se joindre à ces pièces essentielles et ont souvent un grand intérêt ; mais, il faut bien le reconnaître, ces matériaux d'étude sont peu de choses, comparés à ce que nous devons désirer pouvoir soumettre à l'investigation scientifique[2]. »

Depuis quatre ans, le nombre des ossements humains recueillis dans le terrain diluvien a certainement augmenté, mais non pas dans une telle proportion qu'il n'y ait plus rien à désirer et que l'on puisse dire que les fossiles humains, aujourd'hui connus, sont en quantité suffisante pour servir de bases à de véritables conclusions scientifiques. Cependant l'étude de ces vénérables osse-

[1] V. pour complément : *Études religieuses*, avril 1875 : de la valeur de l'élément paléontologique pour les chronologies préhistoriques.

[2] *Revue scientifique*, 10 février 1872. — On peut voir, dans l'*Année scientifique* pour 1873, une liste des fossiles humains, donnée par M. Cartailhac.

ments conduit à quelques remarques dignes d'attention sur les caractères physiques et intellectuels de l'homme quaternaire.

Et d'abord, au point de vue physique, l'homme quaternaire était bien tel que l'homme d'aujourd'hui. « Quelques pièces osseuses, dit M. de Quatrefages, quelques têtes, présentent des traits plus ou moins accentués dont on s'était exagéré l'importance tant que l'étude de ces spécimens est restée isolée. La comparaison a réduit à leur juste valeur quelques appréciations trop hâtées et qui toutes avaient pour but de rapprocher ces antiques races de certaines espèces animales. J'ai retrouvé sur des squelettes de races diverses les caractères les plus exceptionnels de la mâchoire de Moulin-Quignon. M. Hamy a relié la mâchoire de la Naulette à d'autres mâchoires fossiles et montré que les caractères sur lesquels on a tant insisté n'étaient que l'exagération individuelle de ce qui existe normalement ailleurs. M. Vogt nous a fait connaître le nom d'un médecin aliéniste distingué, dont les bosses sourcilières égalent celles du crâne du Néanderthal. En somme nous pouvons affirmer qu'au point de vue physique, l'homme quaternaire se rapprochait aussi peu des types animaux que l'homme de nos jours[1]. »

Mais au point de vue intellectuel, ne pourrait-on pas soutenir que les caractères exceptionnels de certaines têtes quaternaires étaient liés à un état remarquable d'infériorité? Écoutons ce que M. de Quatrefages répondait à cette question, à propos du crâne de Canstadt (près Stuttgard) : « La forme crânienne dolichoplatycéphale n'est pas tellement incompatible avec un développement intellectuel égal à celui qui accompagne d'autres formes moins exceptionnelles. Parmi les dolichoplatycéphales modernes figurent des individus distingués par leur savoir et des personnages historiques; nous nous bornerons à citer Kay-Lykka, gentilhomme danois, qui a joué un certain rôle politique au XVIIe siècle, et dont nous avons reproduit la tête dans nos dessins *(Crania ethnica)*; saint Mansuy, évêque de Toul au IVe siècle, dont nous reproduisons aussi la tête; enfin Robert Bruce, le héros écossais. Ces faits démontrent une fois de plus, conclut M. de Quatrefarges, combien on serait dans l'erreur en

[1] *Ibid.*

attachant aux formes crâniennes des idées absolues de supériorité et d'infériorité intellectuelle ou morale[1].»

Il faut bien avouer que, telle qu'on nous la décrit, la tête de l'homme de Canstadt n'était pas un modèle de beauté physique. Cet homme avait la tête allongée d'avant en arrière, la voûte crânienne aplatie, la partie postérieure du crâne volumineuse, des sinus frontaux énormes, un front fuyant, et de plus il était doué d'un prognathisme prononcé : les bords des alvéoles dentaires faisaient une forte saillie en avant. Si, avec tout cela, on peut avoir beaucoup d'esprit, vraiment, c'est qu'avec n'importe quelle tête on peut être intelligent.

Après ce que nous venons de rapporter, il semblerait peut-être impossible de penser que les ossements humains aient pu être de la moindre utilité dans la question de l'ancienneté de l'homme. Cependant il existe bien un argument anthropologique en faveur de l'homme préhistorique et M. de Quatrefages lui-même va nous en donner les éléments; c'est un vrai syllogisme avec ses trois propositions : la majeure, la mineure et la conclusion.

La majeure est un fait, et ce fait M. de Quatrefages l'exprime en ces termes : « Il est impossible de ne pas admettre que l'homme quaternaire européen présentait des types généraux très-distincts, un grand et un petit. Tous deux étaient robustes et agiles ; mais le grand devait être remarquable surtout par le développement de la force musculaire, à en juger par la forme de l'ossature générale des squelettes, par l'exagération des crêtes osseuses et des empreintes musculaires. La différence de taille coïncidait avec des différences dans la forme générale du crâne : le type grand était dolichocéphale ; le type petit était brachycéphale ou mésaticéphale[2]. » Voilà la première proposition de l'argument.

Voyons maintenant la mineure : la mineure est un principe, le principe que nous avons déjà rencontré quand il s'agissait des modifications dans la faune, et nous pouvons l'exprimer en ces termes à la suite de M. Le Hon : il est admis qu'une faune, ainsi

[1] Congrès de Bruxelles. 1872.

[2] *Revue scientifique*, 10 février 1872.

qu'une espèce animale, se modifie avec une extrême lenteur. Quand donc les changements survenus dans une faune et dans une espèce ont été considérables, il faut affirmer que le temps écoulé pendant ces changements a eu une très-longue durée. C'est bien là l'idée de M. de Quatrefages, quand il écrit : « Cette division de l'unique espèce humaine en plusieurs races à l'époque quaternaire est un fait très-important. Il nous apprend qu'à l'époque géologique qui a précédé la nôtre, l'homme était déjà depuis bien longtemps sur la terre et que ses tribus, déjà sans doute errantes et voyageuses, avaient en tout cas subi des influences assez puissantes pour les diversifier[1]. »

Si vous accordez le principe, il faut bien aussi concéder la conclusion : nous voilà arrivés à la véritable préhistoire, puisqu'il a fallu une durée de temps considérable pour la formation des deux races dolichocéphale et brachycéphale. D'ailleurs, M. de Quatrefages fortifie encore sa conclusion en nous faisant remarquer qu'il ne s'agit pas seulement de prendre assez de temps pour la division de l'espèce en deux races, mais qu'il faut encore y ajouter le nombre de siècles nécessaire pour que le partage de chacune des deux races dolichocéphale et brachycéphale en deux sous-races ait pu s'effectuer ; car, aux temps quaternaires, le type dolichocéphale s'était partagé en deux sous-types, dont les représentants sont, pour l'un, l'homme d'Éguisheim, pour l'autre, l'homme de Cro-Magnon : de même le type brachycéphale a pour sous-divisions l'homme du Trou-Rosette et l'homme du Trou-du-Frontal. En somme, ce sont donc quatre races qui se partagent l'espèce humaine, et nous ne risquons rien de mettre des milliers de siècles pour leur production, si du moins le principe est vrai : ce qu'il faudra voir de près. Aussi M. de Quatrefages recule l'apparition de l'homme jusque dans l'époque tertiaire, et nous parle sérieusement de l'homme de Pouancé et de Thenay, qui était, dit-il, une sorte d'Australien ou de Tasmanien.

Nous sommes en beau chemin et on peut aller loin par cette

[1] *Ibid.* — Et dans *Charles Darwin*, M. de Quatrefages nous dit : « Dans les théories qui partent de la transformation lente, le temps devient un élément nécessaire à l'accomplissement du phénomène et se compte par centaines, par milliers de siècles. »

voie. Aussi que ne mettra-t-on pas sur le compte de l'homme du Mammouth, l'homme du grand ours, l'homme du renne! Qu'on lise l'*Homme fossile*, la *Paléontologie humaine*, le *Résumé de la préhistoire*, les *Bulletins de la Société d'Anthropologie de Paris*, etc., etc., et l'on verra que l'école préhistorique en prend à son aise et nous bâtit en un tour de main des hommes auxquels personne ne voudrait ressembler. Ainsi l'on vous dira que l'homme de Moulin-Quignon, représenté uniquement par une moitié de mâchoire avariée, avait une physionomie féroce et avait si peu d'intelligence qu'il ne savait même pas adapter un manche à son outil en silex !

Nous n'avons de l'homme du Neanderthal (près Dusseldorf) que la portion du crâne comprise entre l'arcade sourcilière et la protubérance occipitale, et vous devez croire, d'après Schaaffhausen, que l'homme de Neanderthal a de tels caractères de bestialité que c'est ce qu'on a trouvé de plus infime en organisation ; d'après Huxley,.. que ce crâne est le plus pithécoïde que l'on ait découvert. Mais alors pourquoi ne pas attribuer cette voûte crânienne à un singe? Non, dit Huxley, c'est un homme, mais un homme qui retourne en quelque chose vers le type pythécoïde : c'est-à-dire, pour dire la chose en une belle langue, qu'il rappelle les traits de son ancêtre, le *Pithékanthrope.*

Sur le crâne d'Engis on ne s'entend pas. M. Huxley ne lui trouve pas la moindre trace de dégradation. C'est d'après cet auteur un crâne humain de bonne moyenne, qui pourrait avoir appartenu à un philosophe, ou pourrait aussi bien avoir contenu le cerveau inculte d'un sauvage. Mais M. Vogt ne voit pas ainsi : il assure que ce crâne est un des plus simiens que l'on possède et le place entre l'Australien et l'Esquimau.

M. Broca fait une étude comparative d'un certain nombre de mâchoires fossiles et modernes, humaines et simiennes, et vous annonce sérieusement que l'homme de la Naulette, dont il ne reste qu'un cubitus et une partie de mâchoire inférieure, sert de trait-d'union entre le chimpanzé et le Mélanésien des Nouvelles-Hébrides. M. Hovelacque s'empare de cette appréciation et vous déclare que c'est là un fait décisif. « On demande, dit-il, aux partisans de la transformation des espèces des preuves palpables, des pièces convaincantes : celle-ci en est une, où il n'y en aura jamais[1]. »

C'est bien assez. Quand la science prend de telles allures, on ne peut prétendre la suivre. Où voulez-vous saisir un argument sérieux, une raison ? Chacun y met ses idées, ses opinions, ses systèmes, ses propensions. J'avoue bien franchement que tout cela est irréfutable ; mais aussi tout cela n'en est pas plus vrai. M. de Quatrefages nous a donné un argument qui a au moins une belle apparence ; revenons-y et disons pourquoi nous ne nous y rendons pas.

L'endroit faible de cet argument est dans la mineure, c'est-à-dire dans le principe. Le principe invoqué est celui-ci : la formation des races humaines a demandé un très-long espace de temps. Pouvons-nous prendre cette proposition comme un axiome, ou bien a-t-elle besoin d'une solide démonstration pour devenir évidente ? Voilà toute la question. Eh bien ! il me semble que ce n'est pas manquer de respect au savant auteur de l'*Unité de l'espèce humaine* que de lui demander de bonnes preuves du principe qu'il avance. Or, ces preuves, elles ne seront point faciles à trouver. Ce n'est point l'étude des variations de l'espèce humaine qui pourra les fournir ; car, depuis les temps quaternaires, les types sont formés. Il faudra voir les changements qui s'opèrent dans le règne animal et la formation des races, les circonstances dans lesquelles elles apparaissent, le temps qui est nécessaire pour les fixer. Or, de ce côté, si les faits prouvent quelque chose, ils prouvent bien certainement que les races peuvent s'affermir en un laps de temps relativement très-court. Faut-il vraiment beaucoup de siècles pour asseoir d'une manière définitive une race de bœufs, une race de chevaux, une race de chiens, une race de pigeons, etc. ? Et si l'on m'objecte que, dans tous ces cas, la main de l'homme y est pour beaucoup, mais que, quand il s'agit de l'homme, il faut laisser agir la nature, je répondrai par ce mot que M. de Quatrefages a mis à la fin d'un de ses derniers ouvrages : « Ne rêvons pas *ce qui peut être*,

[1] *Lettre sur l'homme préhistorique : du type le plus ancien*, p. 11-12. 1875. Voyez encore dans *les Ancêtres d'Adam*, p. 99, l'homme de Chauveau, voisin du crétinisme et de l'imbécillité.

acceptons et cherchons *ce qui est*. Ne sacrifions pas à l'hypothèse sous prétexte de progrès [1]. »

Ajoutons enfin que si l'on se donnait la peine de bien chercher, on trouverait des faits pour montrer que des modifications importantes, même sur des organes comme le crâne, peuvent se produire en peu de temps dans les races humaines. M. de Quatrefages a lui même cité ces paroles de Reiset : l'Africain arrive aux Antilles avec tous les caractères du nègre. Les cheveux et la couleur persistent ; mais sous tous les autres rapports le nègre se rapproche du blanc. Lyell avait appris de la bouche d'observateurs exacts que, sans aucun mélange de sang, la tête et le corps des nègres placés en contact intime avec les blancs se rapprochent de plus en plus, à chaque génération, de la configuration européenne [2].

Entre le nord de la Chine et le mont Altaï, est une vaste contrée qu'occupait anciennement un peuple puissant et célèbre de la souche des Hiong-Hu. C'est de ce peuple que sont descendues les races turques répandues maintenant depuis la grande muraille de la Chine jusqu'au Danube et à l'Adriatique. De ces races diverses issues de la même origine, les unes sont restées nomades, les autres sont établies dans l'empire ottoman et dans l'empire persan. Eh bien ! tandis que les premiers offrent à un haut degré la configuration pyramidale, les seconds ont subi une transformation radicale et ont pris dans la forme de la tête le caractère européen [3].

Ces faits et bien d'autres que l'on peut recueillir indiquent suffisamment qu'il ne faut pas tant de siècles pour modifier une tête humaine.

Maintenant, mettons-nous franchement en présence des choses

[1] *Charles Darwin et ses Précurseurs français*, par M. de Quatrefages, p. 375. On a souvent cité le fait suivant : John Sebright, le plus habile éleveur de pigeons, demandait trois mois pour produire n'importe quel plumage qui lui était indiqué et six ans pour façonner une tête ou un bec. Donc, six ans pour former un bec de pigeon. Par analogie, mettons six siècles, six cents ans pour qu'une tête humaine puisse passer de la mésaticéphalie à la dolichocéphalie ou à la brachycéphalie. Six cents ans ! Cela ne nous donne pas encore la préhistoire vraie ; six mille ans ne seraient qu'un léger appoint.

[2] *Bulletin de la Société ethnologique*.

[3] Pozzi : *la Terre et le Récit biblique*, Appendice sur l'unité de l'espèce humaine et la diversité des races humaines, p. 548.

réelles. Les dénominations de tête ronde ou brachycéphale, et de tête ovale ou dolichocéphale, n'emportent point l'idée d'une précision mathématique comme le font les expressions 15 centimètres, 20 centimètres : il y a certainement du plus ou du moins dans ce rond et cet ovale crânien. La preuve en est que les anthropologistes, après avoir déterminé leurs types brachycéphales et dolichocéphales, sont obligés, pour classer les crânes, de former les nouveaux termes sous-brachycéphales et sous-dolichocéphales. Ajoutons au milieu la mésaticéphalie et nous aurons une chaîne complète qui rejoint l'extrême brachycéphale à l'extrême dolichocéphale, et cette chaîne n'offre point de solution de continuité : si vous placez les crânes sur cette ligne, vous en trouverez à tous les degrès, depuis la brachycéphalie jusqu'à la mésaticéphalie et depuis la mésaticéphalie jusqu'à la dolichocéphalie.

De plus, ne nous imaginons-nous point que les formes extrêmes de brachycéphalie et de dolichocéphalie soient bien éloignées l'une de l'autre. La tête fossile la plus ovale avait ses deux diamètres antéro-postérieur et transversal dans le rapport de 100 à 70 ou 75, et la tête ronde est toujours un peu ovale. Voilà pour les extrêmes qui sont rares ; la généralité des crânes fossiles s'échelonne entre les deux de part et d'autre de la mésaticéphalie.

Enfin, puisqu'il s'agit ici de l'ancienne, de la première population qui ait habité l'Europe septentrionale, ajoutons cette dernière réflexion. L'homme qui vint habiter l'Europe devait appartenir à un des types que nous avons nommés ; car il faut bien qu'une tête ait une forme déterminée : elle sera ronde ou ovale, ou entre les deux ; mais certainement elle sera l'un ou l'autre. De plus, on peut admettre comme probable que les premiers habitants de l'Europe, des Gaules, ne furent pas seulement au nombre de deux, mais une tribu, un peuple peut-être. Cependant prenons l'hypothèse la moins favorable : un seul couple humain vint s'établir dans les Gaules. Leurs crânes, semblables entre eux, appartenaient à une forme extrême, ou bien tenaient de la mésaticéphalie. S'ils étaient brachycéphales, par exemple, comme des modifications se produisent facilement dans l'organisme, un ou plusieurs enfants ont pu tendre vers la forme ovale et arriver par exemple à la sous-brachycéphalie. Quelques générations suffisaient pour faire dépasser à quelques individus la mésaticéphalie, et même les pousser jusqu'à la sous-dolichocéphalie. Nous nous trouvons alors en présence de toutes les formes, nous avons des crânes ronds et ovales à tous les degrés. Mais, dans ce cas, ce serait se servir d'une expression très-impropre que de dire : l'espèce humaine s'est divisée en deux races, la race brachycéphale et la race dolichocéphale. Cette manière de s'exprimer semblerait signifier que le premier représentant de l'espèce n'était ni brachycéphale, ni dolichocéphale, et que la division s'est faite suivant ce qui arrive quand un arbre donne naissance à deux branches qui forment fourche. Si l'on voulait admettre que le premier habitant des Gaules ait été mésaticéphale, l'expression ne serait pas plus juste ; car, si des déviations dans un sens et dans l'autre ont donné les types brachycéphale et dolichocéphale, le type primitif, le type mésaticéphale n'a pas disparu, puisqu'on en retrouve des exemplaires avec les crânes ronds et les crânes ovales. Je citerai, comme preuve, la célèbre station préhistorique de Solutré, où toutes les formes crâniennes se trouvaient réunies. Les pièces isolées ne peuvent servir à prouver que telle ou telle race dominait ; il faut bien, je le répète, qu'un crâne ait une forme ; ce qu'il faudrait découvrir, ce serait tout un cimetière brachycéphale, ou tout un cimetière dolichocéphale. Mais cette importante découverte se fait bien attendre. Jusqu'à ce que nous soyons assez favorisés du hasard pour mettre la main sur un pareil trésor, gardons-nous de prendre pour des vérités les hypothèses provisoires de la science anthropologique. « L'ethnologie, disait en 1872 une voix autorisée, est aujourd'hui dans une condition élémentaire, je veux dire dans la période que toute science doit nécessairement traverser, celle de la collection des matériaux : les déductions que l'on peut actuellement tirer des faits acquis ont un caractère essentiellement provisoire. Il est vrai que les témoignages de l'ancienneté de l'homme sur la terre plus grande qu'on ne l'avait admis jusqu'à présent, se sont accumulés d'année en année. Néanmoins personne ne peut dire en toute sincérité que la question soit pleinement résolue. On peut trouver d'autres hypothèses que celles qui ont été mises en avant pour expliquer les faits observés. L'investigation, dans tous les cas, doit être poursuivie sans s'arrêter à des idées préconçues. Soyons certains que la religion et la vraie science ne peuvent être en opposition : l'une bien comprise, l'autre bien interprétée s'accorderont dans le résultat final. Nous devons, en un mot, nous attacher à cette règle posée par l'évêque de Londres dans une conférence tenue à Edimbourg, que l'homme de science doit suivre sa marche honnêtement, patiemment, avec réserve et défiance, observant les faits, enregistrant les observations, et suivant sans dévier ses raisonnements, jusqu'à leurs conclusions légitimes, convaincu que ce serait trahir à la fois la majesté de la science et la majesté de la religion que de dévier de parti pris, si peu que ce puisse être, de la ligne droite de la vérité [1]. »

Voilà un sujet d'examen de conscience pour tous ceux qui s'occupent d'études et de recherches préhistoriques. Ce n'est pas un partisan du *Syllabus* qui tient ce langage ; ce n'est ni un catholique pratiquant, ni un ultramontain : on peut donc l'en croire, il est impartial certainement.

L'argument anthropologique est donc jugé ; il n'a pas de solidité ; il ne prouve pas ce qu'on voudrait lui faire prouver.

Argument géologique. S'il est un moyen propre à établir que les vestiges humains remontent à une très-haute antiquité, c'est bien certainement de considérer quelle est la nature des matériaux au milieu desquels ils sont enfouis, et quel est le nombre des couches géologiques qui les recouvrent. Là il faut nécessairement compter avec le temps ; car ce qui est au-dessous est forcément plus ancien que ce qui est plus haut. Il restera bien une grave question, celle de la supputation des années ou des siècles ; mais on ne peut nier en principe qu'il n'y ait dans l'élément géologique un élément chronologique.

D'abord, ces couches qui renferment les fossiles humains et sur lesquels nous pouvons baser des données chronologiques, où faut-il les chercher ? Nous trouvons les strates alluviennes à la superficie du sol ; mais les retrouvons-nous aussi dans certaines cavernes ? Ont-elles la même valeur dans les deux cas ? Non, les alluvions des cavernes ne nous donneraient rien de

[1] Association smithsonienne : rapport du secrétaire sur l'état présent de l'ethnologie (*Année géogr.*, 1872, p. 271).

bien certain : j'en apporte un témoignage irrécusable et tout à la fois une raison solide [1].

« Les résultats des fouilles exécutées dans les cavernes, dit M. Hamy, n'ont pas généralement la valeur démonstrative des observations recueillies dans les alluvions stratifiées. L'absence de relations géologiques certaines, dans le plus grand nombre de ces cavités, entre le dépôt ossifère et ceux qui l'ont précédé ou suivi dans la succession des âges; les difficultés qui surgissent lorsqu'il s'agit de déterminer les conditions de leur remplissage, la possibilité de remaniements postérieurs qu'il n'est pas toujours facile de reconnaître, sont la cause de la défaveur qui a longtemps accueilli les recherches dans les grottes et du peu de crédit que quelques naturalistes accordent encore aujourd'hui aux découvertes qui y ont éte faites. »

Ainsi, au point de vue de la chronologie préhistorique, les grottes sont jugées et condamnées. Malgré tous les travaux dont elles ont été l'objet, toute la lumière dont on a essayé de les éclairer, les habitations troglodytiques sont encore remplies de ténèbres profondes. Laissons donc les cavernes et n'en parlons plus.

Les alluvions stratifiées, les véritables dépôts géologiques ont une autre valeur. Boucher de Perthes l'avait bien vu, car il a écrit les lignes suivantes : « Que voulons-nous démontrer ? — L'ancienneté de la population du sol. — Sur quoi établissons-nous cette démonstration ? — Sur l'antiquité des objets que l'on y trouve. — A quoi mesurons-nous cette antiquité ? — A la matière, à l'œuvre et surtout *à la position subterranée des objets.* » Et il développe sa pensée : « Dès lors nous admettons une sorte d'échelle de vie, une superposition de couches formées par les débris des générations, et nous cherchons dans chacune des couche des indices de l'histoire de ces générations. Les couches les plus profondes nous offriront ainsi les populations les plus vieilles. On le voit, ajoute encore le fondateur de l'école préhistorique, ce n'est pas seulement la forme et la matière de l'objet qui servent à établir sa haute antiquité, et dès lors celle du peuple dont il émane ; c'est encore la place où il est, c'est

[1] *Précis de paléontologie humaine*, p. 112.

la distance à la surface, c'est la nature du terrain, et aussi celle des couches superposées et des débris qui les composent ; c'est enfin la certitude que là est son sol, la terre qu'a foulée l'ouvrier qui l'a fabriqué [1]. »

On ne peut pas mieux dire ; on ne peut pas insister plus fortement sur cette vérité que nous avons si souvent indiquée, c'est que, s'il y a un chronomètre préhistorique, ce ne peut être que l'élément géologique.

Quand nous entendions parler Boucher de Perthes, nous nous rappelions les fouilles de la Troade. Là, on a traversé une épaisseur de 13 à 17 mètres pour arriver au sol vierge, et l'on a retrouvé en superposition les débris de trois ou quatre peuples. Il y a cependant une bien grande différence, qu'il faut noter, entre les couches d'Hissarlick (Troie) et les strates dont nous allons nous occuper. A Hissarlick, ce sont des décombres, ce sont des ruines sur des ruines, en un mot, c'est l'œuvre de l'homme. Mais les dépôts que nous allons examiner sont et doivent être l'œuvre de la seule nature, ou bien ils perdent toute leur valeur chronologique.

Nous dépassons donc la zone des ruines : nous fouillons au-dessous d'elles ; nous pénétrons dans l'argile, le sable, le gravier jusqu'à la profondeur de 4, 6, même 10 mètres ; nous sommes dans des terrains que la main moderne de l'homme n'a jamais touchés. C'est là que nous ramassons le silex grossièrement taillé, que nous recueillons des ossements d'animaux et, sous l'empire de l'émotion, nous nous écrions : « Ainsi la terre était habitée par l'homme avant que se formât ce terrain ! Dès avant cette heure, il foulait le sol qui, dans un lointain avenir, devenu pour nous un passé ténébreux, devait être la Gaule ! Il a été contemporain des grands quadrupèdes anéantis ! Il a vu, sous notre latitude, l'éléphant primitif errer dans les forêts vierges, l'hippopotame s'ébattre dans les fleuves, le rhinocéros se vautrer dans la fange des marais ; il a entendu le rugissement du lion ! Il a disputé sa vie au terrible ours des cavernes, protégé la sépulture de ses proches contre la profanation de l'hyène, donné la chasse à ces bœufs et à ces cerfs primitifs dont

[1] *Antiquités celt. et antédil.*, t. I.

l'espèce n'existe plus ! A quel degré de civilisation appartenait-il[1] ?... »

Mais arrêtons-nous : M. V. Meunier a assez bien parlé jusqu'ici ; il n'est pas aussi raisonnable dans ce qui suit.

On le voit, l'école préhistorique comprend à merveille quel parti on peut tirer de l'élément géologique. Malheureusement cette école veut toujours aller au delà de l'enseignement des faits : elle a un but, elle veut l'atteindre malgré tout. Ainsi l'élément géologique ne nous donne que l'âge relatif des couches et des fossiles : il nous apprend que cet objet est plus vieux, plus ancien que cet autre ; mais il ne nous donne pas son âge réel, absolu, exprimé par un nombre d'années ou de siècles. Ce n'est pas assez pour la science préhistorique : il lui faut ses milliers de siècles, ses cent mille ans, pour constituer la longue durée de la préhistoire. Elle les aura, elle les prendra. Mais comment et par quel détour peu légitime ? — Nous allons le voir.

D'abord, l'épaisseur des dépôts quaternaires, par elle-même, ne peut suffire à donner beaucoup de siècles. Qu'est-ce, en effet, qu'une hauteur de quatre, six, et même douze mètres, si on le veut, de graviers et de sables d'alluvions ? N'avons-nous pas des décombres historiques qui montent jusqu'à dix-sept mètres ? Nous n'irions donc pas à un bien grand nombre de siècles, si nous ne tenions compte que de la puissance du diluvium.

Y ajouterons-nous la nature des matériaux ? c'est encore un faible secours. Toujours et partout nous avons des sables, des argiles, des graviers plus ou moins enchevêtrés les uns dans les autres ; nous voyons à quels terrains anciens ils ont été arrachés ; nous suivons presque le trajet qu'ils ont fait sous l'impulsion de l'eau, et il n'y a vraiment rien dans ces observations qui permette de leur assigner une date plutôt qu'une autre.

Mais, si l'on tenait compte de l'étendue horizontale de ces dépôts, n'aurait-on pas une base d'évaluation plus solide ? Hélas ! nos terrains quaternaires n'ont point la continuité des assises qui constituent les terrains anciens. Les dépôts quaternaires se présentent par plaques isolées, par lambeaux ; et la grande difficulté sera toujours de savoir si deux lambeaux, même voisins

[1] *Les Ancêtres d'Adam*, p. 27.

l'un de l'autre, appartiennent à la même formation, à la même période, et ont le même âge.

Il ne reste plus qu'un détail, un point de vue à considérer : c'est la disposition topographique du diluvium. C'est sous cet aspect, de ce côté, que le terrain quaternaire est le plus mystérieux. La science préhistorique s'en empare et fait son profit de l'inconnu, fait traite sur notre ignorance.

On nous dira donc : il est un fait indubitable et attesté par tous les géologues, c'est que les dépôts quaternaires recouvrent non-seulement certains plateaux, mais encore s'étagent en plusieurs lignes sur les pentes des vallées où coulent aujourd'hui nos rivières. Nous avons là des graviers en bas, sur lesquels repose la tourbe ; des graviers au milieu, les moyens niveaux ; des graviers en haut, les hauts niveaux. Les graviers des hauts niveaux sont les plus anciens ; même on ne risque rien, comme nous allons le voir, à leur donner au moins trente ou quarante mille ans et à les faire ainsi préhistoriques. Ce sont, en effet, les graviers caillouteux de Saint-Acheul, situés à des trente mètres au-dessus du niveau actuel de la Somme, les graviers de Menchecourt, les sables de Grenelle sur les berges de la Seine, les cailloutis et les fameuses *pierres rayées* de la Croix-Rousse et de Fourvière, à Lyon, qui sont à une belle hauteur au-dessus du Rhône. Si l'on tient un compte sérieux de leur position si remarquable, comme tous ces dépôts caillouteux portent en eux les marques d'une très-haute antiquité ! Car, enfin, ce sont des terrains de transport, et ils ont été charriés par les eaux à la hauteur à laquelle nous les trouvons. Depuis leur formation, le lit des rivières s'est creusé de vingt ou trente mètres. Ce travail immense demande des siècles et encore des siècles ! Pour cet œuvre, il nous faut de l'eau et beaucoup d'eau ; de l'eau liquide et de l'eau solide. D'abord de l'eau solide qui formera d'immenses glaciers, dont les uns partiront des Alpes pour arriver jusqu'aux collines lyonnaises ; d'autres s'étendront des monts scandinaves jusque sur le territoire actuel de la Hollande ; d'autres traverseront le Pas-de-Calais et viendront former leurs moraines sur ce qui est maintenant le continent. Ensuite il faut de l'eau liquide, qui coule en grande abondance et avec assez de rapidité pour qu'elle puisse entraîner de lourds matériaux et raviner profondément les vallées. L'explication des faits ne sera même ni suffisante ni complète si nous ne supposons pas le renouvellement périodique de ces phénomènes grandioses : des glaciers, puis des torrents; et encore des glaciers, puis des torrents. Et l'homme, l'homme a vu tout cela !! L'homme était là!!

Pour le coup, nous y voilà. Y a-t-il moyen d'échapper à la préhistoire, je vous le demande? Si nous y allons même avec la plus stricte économie, pouvons-nous refuser une dizaine de mille ans à chacune des phases de ces périodes successives? Mais alors faites le compte et vous trouverez tous les milliers d'années nécessaires pour arriver au delà des limites de l'histoire. Et l'histoire d'ailleurs n'enregistre point les périodes glaciaires, elle se contente d'enregistrer un déluge [1].

Avant de donner les mains à un pareil arrangement, regardons-y de près.

La période glaciaire ! Mais il faudrait d'abord bien et dûment prouver que l'homme a vécu pendant une période glaciaire. La preuve a-t-elle été faite? Lyell et Agassiz ne croyaient pas à l'homme glaciaire ; M. Hamy recule devant l'affirmation catégorique de l'existence de l'homme glaciaire ; M. Dupont nous dit que, quand vivait l'homme quaternaire, l'homme primitif, aux temps du Mammouth, la Belgique jouissait d'un printemps perpétuel ; ce qui n'est guère glaciaire. L'homme glaciaire n'a donc pas encore fait son entrée dans la science. L'homme glaciaire, comme l'homme pré-glaciaire est donc un être de raison, une création imaginaire, mis en œuvre pour les besoins de la cause, pour jouer un beau rôle dans le roman préhistorique [2].

[1] *Études religieuses*, janvier 1875 : la Période glaciaire, p. 70.

[2] *Études religieuses*, juin 1875 : l'Homme n'a pas vécu pendant une soi-disant période glaciaire. — A propos de l'hypothèse glaciaire, M. Ch. Martins fait l'aveu suivant : « Les nombreuses questions que soulève ce problème (de la période glaciaire) sont loin d'être résolues ; elles ne le seront même jamais entièrement. » Et encore : « Les phénomènes glaciaires sont compliqués et difficiles. L'observation attentive, suivie de l'analyse la plus sagace, suffisent à peine à les débrouiller. En présence des progrès que la géographie glaciaire a faits dans ces dernières années, on pourrait penser que les causes de l'ancienne extension des glaciers sont mieux connues qu'elles ne l'étaient il y a huit ans. Il n'en est rien : la question n'a pas fait un pas. Loin de là, elle se complique au lieu de se simplifier. On en est à se demander quel est le climat le plus favorable à l'extension des glaciers... On est obligé de renoncer à l'idée d'une cause unique et générale de l'extension des glaciers... Que penser, que dire en présence de ces contradictions? Se taire et attendre. L'étude des scien-

Cependant, me dira-t-on, il y a certainement le long des rivières, à de grandes hauteurs, trente mètres et plus, des bandes de terrain de transport ; il y a les graviers des hauts niveaux et les graviers des moyens niveaux. Si vous excluez les phénomènes glaciaires, comment les expliquez-vous ? Mais je n'ai nullement la prétention de vouloir les expliquer, de vouloir rendre raison de leur formation. Ne serait-ce pas une arrogance tout à fait insoutenable de se poser pour en savoir plus que les géologues eux-mêmes ? Or, les géologues ne savent pas comment s'est formé le terrain quaternaire. Les géologues savent que l'eau a joué un grand rôle dans cette formation ; mais ils ignorent le *comment*, ils ne savent de quelle manière l'eau a agi et par conséquent à quelle époque l'eau a remué tous ces matériaux. En voulez-vous une preuve péremptoire ? Consultez les savants qui ont étudié le gravier de Moulin-Quignon, quand on tint des assises scientifiques à propos de la fameuse mâchoire qui porte le nom de ce moulin. Vous recueillerez trois opinions : M. Garrigou vous dira que Moulin-Quignon appartient aux premiers temps de l'époque quaternaire ; M. E. de Beaumont n'y voyait qu'un dépôt post-diluvien ; M. Hébert adopte un juste milieu entre les deux opinions [1]. Il n'est point au monde de station plus célèbre que Saint-Acheul : on y reviendra toujours quand il sera question de l'âge du diluvium, et cependant on a déjà beaucoup écrit sur ces graviers célèbres. Or, combien d'hypothèses a-t-on déjà émises sur la manière dont s'est formé le diluvium de Saint-Acheul ? On a été jusqu'à la douzaine ; les douze y sont, elles ont été comptées. Il y en a pour tous les temps et tous les systèmes. Les unes font l'homme de Saint-Acheul très-vieux, excessivement vieux, font de lui l'homme préhistorique enfin. D'autres rajeunissent beaucoup ce représentant de notre espèce ; elles le font rentrer en plein dans la chro-

ces d'observation est une école de patience et de réserve. » (*Revue des Deux Mondes*, 15 avril 1875, cité par le R. P. de Valroger, *Rev. des quest. hist.*, avril 1876. Pour le coup, M. Martins vient d'énoncer une bonne vérité : Patience et réserve ! Et pour ce qui regarde l'hypothèse glaciaire : Se taire et attendre ! attendre longtemps, toujours ! Mais alors pourquoi attribuer tant de beaux effets aux phénomènes glaciaires ? ce n'est ni patience, ni réserve ; ce n'est ni se taire, ni attendre.

[1] *Études religieuses*, octobre 1871 : Moulin-Quignon ; son âge ; trois opinions p. 530.

nologie biblique et lui trouvent une place aux environs du déluge mosaïque. Le terrain de Saint-Acheul n'a donc en lui-même aucun indice de chronologie positive ; en un mot, il n'est pas daté, il ne porte pas de millésime quelconque [1].

Voilà donc notre dernier argument qui nous échappe. Car de tout ce que nous venons de rappeler nous devons tirer la conclusion que voici : les chronologies préhistoriques que l'on prétend fonder sur les observations des dépôts quaternaires ne sont que des suppositions arbitraires de l'esprit, qui voit tout ce qu'il désire dans les matériaux en désordre du diluvium. Le diluvium ne nous donnera des renseignements positifs que quand nous aurons pénétré le secret de sa formation. Et ce secret, quand le découvrirons-nous ? Je ne le sais pas. Mais ce que je puis affirmer sur la parole d'un savant qui mérite d'être cru, c'est qu'aujourd'hui encore le terrain quaternaire est une énigme qui attend son Œdipe. M. le professeur A. Gaudry écrivait en effet au mois de mai de cette année : *Le désaccord qui existe entre les observateurs les plus consciencieux montre que l'étude des temps quaternaires est à ses débuts; pour l'établir sur des bases solides, il faudra encore apporter bien des matériaux* [2].

Attendons. C'est bien ; mais l'école préhistorique doit attendre aussi, car elle ne peut entreprendre rien de sérieux, rien de scientifique, tant que les terrains quaternaires n'auront point livré le mystère de leur formation. Notre proposition se trouve par là même démontrée : il n'y a pas de science préhistorique ; il y a des faits. D'autre part on propose une conclusion ; mais nous n'avons aucun moyen légitime de rattacher la conclusion aux faits : ni les œuvres de l'homme, ni les fossiles humains, ni les assises diluviennes ne peuvent servir à établir ce lien, cette relation. Il n'y a donc pas de science préhistorique, il n'y a qu'une question préhistorique, et encore une question de mot.

TROISIÈME PROPOSITION : *La question préhistorique est une question de mot.*

Sous l'influence des idées courantes, les moindres découvertes archéologiques se transforment en informations et renseigne-

[1] *Études religieuses*, octobre 1875 : Saint Acheul, p. 514.

[2] *Matériaux pour servir à l'histoire primitive de l'homme*, mai 1876, article de M. A. Gaudry sur les mammifères quaternaires et actuels, p. 204.

ments sur la vie et les mœurs de peuplades préhistoriques. Lisez les recueils scientifiques, ou même seulement les chroniques scientifiques des journaux, vous serez étonné d'apprendre que la terre est couverte partout de monuments préhistoriques. On en découvre sur tous les points et il faut presque se résoudre à admettre cette conclusion : que, dans ces temps reculés, le nombre des habitants de l'Europe était déjà très-considérable. Mais ce qui surprend peut-être davantage, c'est que dix-huit siècles et demi, pour ne pas même compter les beaux siècles de Rome et de la Grèce, dix-huit siècles se soient écoulés sans que l'œil de l'homme ait été frappé de cette multitude d'objets. Cependant, dans la théorie du progrès continu et de l'évolution, on nous en donnera immédiatement la raison ; il s'est probablement développé chez nous quelque circonvolution cérébrale qui correspond à la faculté d'observation, et voilà pourquoi ce qui échappait aux yeux de nos pères cause une si vive impression sur notre rétine et captive notre attention ; voilà pourquoi nous avons maintenant une si grande facilité pour apprécier et reconnaître les vestiges préhistoriques.

Quoi qu'il en soit, les découvertes préhistoriques se succèdent sans interruption et très-nombreuses. Découvre-t-on une sépulture tant soit peu ancienne ? C'est une sépulture préhistorique. En voici un exemple. Entre Colombier et Auvernier, près du lac de Neuchâtel, en face d'une ancienne station lacustre, des ouvriers creusaient les fondations d'une maison ; à la profondeur de deux mètres, ils tombent sur une large dalle de granit ; on soulève la dalle ; elle recouvrait une cavité dont les parois étaient en pierre. On avait découvert un *stone-cist* (caisse en pierre), pour employer l'expression admise. C'était un véritable ossuaire qui contenait les débris très-fragiles de quinze à vingt individus de tout sexe et de tout âge. Les crânes sont considérés comme mésaticéphales. Avec les restes humains on recueille deux haches en serpentine, une défense de sanglier, deux dents façonnées d'ours et de loup, trois objets en bronze ; savoir : un disque massif percé en son milieu, un anneau, une épingle. Vous demandez l'âge de cette sépulture. Mais il n'y a point de doute, vous dit-on, nous sommes en présence d'une sépulture qui date du temps des habitations lacustres ; elle est de l'époque néolithique et par conséquent préhistorique : les objets que nous avons trouvés « nous reportent au temps où l'industrie du bronze était largement développée dans la plaine du Pò, chez les Pré-Étrusques de Villanova, c'est-à-dire un millier d'années avant notre ère [1]. » Un millier d'années seulement! c'est-à-dire que la station préhistorique d'Auvernier ne serait vieille que de trois mille ans! Mais ce n'est guère préhistorique, trois mille ans! Toutefois continuons.

Voulons-nous une ville préhistorique? M. Pottier va nous en faire connaître une. C'est l'ancienne capitale des Cavares, Arausio, notre Orange moderne. Orange est une des villes dont on peut suivre le plus loin l'histoire; car Artémidor, auteur grec qui vivait plus de deux cents ans avant notre ère, en fait mention comme d'un point important dans le pays gaulois. Aussi les Romains ne négligèrent pas de s'y établir et y bâtirent un cirque et un arc de triomphe en mémoire de la victoire remportée sur les Cimbres par Marius et Catulus. Mais pour quelle raison veut-on faire d'Orange une ville préhistorique? Laissons la parole à M. Pottier : « Au mois de septembre 1875, frappé de voir parmi les antiquités que met en vente le gardien du théâtre romain, des haches en pierre polie ramassées dans les remblais antiques, surtout au cimetière actuel, je me mis à chercher des traces préhistoriques. Directement au-dessus de la ville, sur la colline où les Romains avaient établi leur oppidum, ensuite les princes d'Orange leur forteresse, j'ai ramassé des silex taillés. Sur l'éperon qui s'avance le plus vers le Rhône, j'ai trouvé un véritable atelier de silex, couteaux, grattoirs, pointes de flèches en feuilles de laurier, etc., etc. [2]. » Vraiment quelqu'un qui ne chercherait pas du préhistorique partout, qui observerait d'un œil simple, aurait-il eu l'idée de mettre la fondation d'Orange à l'époque de la préhistoire, parce qu'il aurait trouvé quelques silex taillés mêlés avec les ruines romaines? N'aurait-il pas plu-

[1] *Matériaux*, 1876, p. 114 et 181 : les tombes lacustres d'Auvernier. Le *Journal officiel* du 8 février 1876 a relaté la découverte d'Auvernier, mais le copiste a écrit un *millier de siècles*, et non un *millier d'années*. Est-ce sous l'influence magique du mot *préhistorique* que la transformation s'est accomplie? Je ne sais. Il est toutefois certain que le *millier de siècles* va mieux avec le mot *préhistorique*.

[2] *Matériaux* : 1876, p. 189, Orange préhistorique.

tôt tiré la conclusion que, lorsque vinrent les Romains, le silex était encore en usage en quelques endroits des Gaules? Si Orange est préhistorique à cause de ses silex, que de localités ont droit à ce titre : Bibracte, Gergovie, Alise Sainte-Reine, Alise du Jura, Novalaise (Savoie), Arras, Beuvraignes (Somme), Blangy-sur-Bresle, Cierges (Aisne), etc., etc. [1] !

Les tumuli sont-ils préhistoriques? On nous le dit tous les jours. M. Chauvet trouve quelques-uns de ces monticules funéraires sur le plateau de la Boixe, près de la Charente, et, ce qu'il faut encore noter, non loin d'une voie romaine. Il fouille ces tumuli, trouve, au-dessous, des cryptes circulaires ou rectangulaires faites en pierres plates sans mortier; il recueille une quarantaine d'objets, dont trois haches polies et des pointes de flèches, grattoirs, éclats de silex. Ces objets lui suffisent pour donner une date aux tumuli : ils sont de l'âge du Renne, et par conséquent préhistoriques. Mais avons-nous des raisons bien sérieuses d'accepter cette date chronologique? Ce ne peut être la forme de la sépulture, car, à ce compte, toutes les *mottes* que l'on trouve dans le nord de la France, et par milliers en Russie, devraient passer pour préhistoriques. Il y a d'ailleurs de ces monuments qui sont historiques, comme le tombeau d'Alyattes, frère de Crésus, érigé en 561 avant Jésus-Christ. De plus, que de tumuli ont donné, non point seulement des instruments en bronze, mais des médailles romaines, comme par exemple ceux du Derbyshire (Angleterre) [2] ! Mais les tumuli de la Boixe ne contiennent point de métal, et par conséquent, dit-on, sont de l'âge de la pierre. D'abord ce n'est là qu'un argument négatif; ensuite était-on plus obligé alors qu'aujourd'hui de mettre à côté du mort un échantillon de toutes les armes ou de tous les outils? Ah! ce mot préhistorique, comme il est commode! comme il se laisse faire!

Nous ne pouvons laisser de côté les dolmens, les monuments mégalithiques. Comment pourrait-on se résoudre à ne pas en faire des constructions préhistoriques? Tout y porte. On a bercé

[1] *Études religieuses*, janvier 1876 : l'usage de la pierre travaillée existait encore dans les Gaules quand les Romains firent la conquête de ce pays.

[2] J. Fergusson, *Rude stone monuments in all countries* : their age and use. London, 1873, p. 11.

notre enfance avec les contes de fées et les récits des tours de force de Gargantua et autres géants aussi robustes. Nous sommes enclins à rejeter dans un passé très-lointain tout ce qui porte la marque de la puissance et de la rudesse. Or, les dolmens, les menhirs, les allées couvertes, etc., offrent au plus haut degré ces caractères. Nous entrons donc facilement en connivence avec les actifs chercheurs qui ont fouillé ces monuments et n'y ont le plus souvent trouvé que la pierre travaillée sans aucune trace de métal : nous sommes tout prêts à laisser inscrire sur ces pierres ces deux mots : *Monuments préhistoriques; monuments préhistoriques!* Voulons-nous dire par là monuments qui remontent à une dizaine ou une vingtaine de mille ans ? Réfléchissons-y bien. Les monuments en pierre brute sont de toutes les époques. Les Betsiléos de Madagascar élèvent encore des menhirs. Des tribus de l'Inde construisaient des dolmens, des trilithes, des cromlechs jusque dans ces dernières années. En étudiant bien, nous trouverions certains monuments mégalithiques du nord de l'Afrique que nous ne pourrions faire descendre au-dessous de l'époque romaine. Pour tout dire en un mot, il s'est trouvé dernièrement un savant qui a soutenu la proposition suivante : que les monuments mégalithiques ou en pierre brute *ont été pour la généralité érigés par des races civilisées par suite de leur contact avec les Romains, et que la plupart d'entre eux peuvent être considérés comme appartenant aux dix premiers siècles de l'ère chrétienne* [1].

L'école préhistorique voudrait bien insinuer que M. Fergusson ne connaît rien à la question, et l'on dit au nom de la science que si les monuments mégalithiques sont attribués à la préhistoire, c'est qu'on est arrivé là en étudiant cette ques-

[1] J. Fergusson, *Rude stone monuments*, p. 27. M. Fergusson parle longuement des monuments en pierre brute de l'Armorique. Il dit de ceux de Locmariaker : « Ou ces monuments furent érigés immédiatement avant ou pendant l'occupation romaine, ou bien immédiatement après le départ des Romains, mais avant la conversion des habitants au christianisme. Nous ne sommes pas encore en mesure de choisir entre ces hypothèses : mais la présence de médailles et de tuiles romaines dans quelques tertres et la marche générale de la discussion me semblent devoir faire pencher la balance en faveur des temps romains. Un certain nombre peut être antérieur à l'ère chrétienne, mais je me trompe fort, ou bien on arrivera à reconnaître que le plus grand nombre de ces monuments est postérieur à cette époque (p. 370). Les alignements de Karnac seraient un peu plus récents : on aurait là le monument commémoratif d'une grande bataille. » (P. 375.)

tion d'archéologie avec la méthode admirable des sciences naturelles [1].

Méthode admirable si l'on veut ; mais il est certain que ce n'est pas du premier coup que l'école préhistorique est arrivée à se faire une opinion sur les dolmens. M. de Mortillet vient même de tout changer au congrès de Stockholm. Hier, on attribuait les dolmens à un peuple voyageur qui, toujours en chemin, avait laissé sur toutes les routes ces indices et ces témoins de son passage. On ne s'entendait point, il est vrai, sur le sens de la marche : les uns, avec M. Bertrand, faisaient entrer le peuple des dolmens par le nord ; les autres, comme le général Faidherbe, voulaient qu'il fût venu d'Afrique et fût arrivé par le midi. M. de Mortillet ne veut plus d'un peuple des dolmens voyageant à travers le monde ; il trouve que les diverses populations ont pu faire assez de progrès pour passer de la grotte sépulcrale au dolmen. Le dolmen est un pas en avant par rapport à la grotte. « Les grottes naturelles devenant rares et les morts toujours plus nombreux, on s'est mis à creuser des grottes artificielles ; puis on en a fabriqué de toutes pièces avec des matériaux rapportés : ce sont les dolmens. Le dolmen n'est donc qu'une des formes d'un usage sépulcral qui s'est répandu de proche en proche chez des peuples nombreux divers. Il ne peut par conséquent servir à caractériser un peuple spécial [2]. » Et voilà comment il se fait que les dolmens ne cesseront pas d'être préhistoriques.

Mais, après avoir considéré les divers exemples que nous venons de citer, on ne peut s'empêcher de se demander quel est le sens précis et net de ce merveilleux mot : *préhistorique*. On l'inscrit sur tant d'objets, et il a la propriété de changer en or, pour ainsi dire, tout ce qui le porte. Que veut-il dire ?

Si nous en cherchons la signification grammaticale, le mot préhistorique signifie ce qui a été avant le temps dont nous connaissons les faits par l'histoire, avant la période historique. Mais alors pourquoi appellent-ils du nom de préhistorique un monument, comme la tombe d'Auvernier, qui ne remonte qu'à mille

[1] *Matériaux*, 1874, p. 238.
[2] Congrès de Stockholm, 1874.

années avant Jésus-Christ? Est-ce que l'histoire et la tradition ne remontent pas à plus de mille ans avant Jésus-Christ? Est-ce que la période historique ne comprend pas bien trois mille ans, trente siècles?

Ah! c'est qu'il faut distinguer le préhistorique absolu et le préhistorique relatif. Et qu'est-ce que le préhistorique absolu? Qu'est-ce que le préhistorique relatif? L'école préhistorique n'emploie point ces locutions (elle ne les emploie point en effet), et c'est pourquoi elle est accusée de vouloir leurrer son monde. Car *préhistorique* signifiant grammaticalement avant l'histoire, quand on prononce ce mot, l'imagination entre en frais pour se reporter à un temps très-éloigné de nous. Mais si l'on disait que ce n'est que préhistorique *relativement*, on ferait comprendre que le fait en question est simplement antérieur à l'histoire d'un peuple en particulier, et tout le merveilleux cesserait. Ainsi on dirait que la sépulture d'Auvernier est préhistorique relativement au temps historique de la Suisse : c'est-à-dire que l'histoire de la Suisse ne remonte pas jusqu'à cette date. Qu'y a-t-il en cela de bien extraordinaire? Que de peuples ont leur préhistorique, et un préhistorique qui a fini il n'y a pas longtemps!

Mais alors la question préhistorique devient une question de mot, et presque une question grammaticale? Vous l'avez dit. Les exemples rapportés plus haut le montrent. Je n'ajoute qu'un seul fait pour finir.

Le bronze appartient-il à la préhistoire absolue? Qui oserait le dire? Faisons remonter le bronze de l'Europe à trois mille ans avant Jésus-Christ; alors l'Orient était en pleine époque historique [1]. Cependant on ne cesse de nous parler du bronze

[1] *Tableau archéologique de la Gaule*, par M. de Mortillet, exposé au congrès de géographie. Entre les temps *préhistoriques* et les temps *historiques*, l'auteur introduit une division que M. Broca a proposé de nommer *protohistorique* (toujours des mots). Ce moment *protohistorique* représenterait en Scandinavie un millier d'années, et en France à peu près autant ; mais ces deux moments ne sont point complètement synchroniques dans les deux pays. Donnons un aperçu du tableau :

I. Temps préhistoriques : 1° *Période archéolithique :* acheuléen, moustérien, etc.

2° *Période néolithique :* 1re époque lacustre, robenhausienne.

3° *Période du bronze :* 2e époque lacustre, 1er *âge : morgien :* époque du fon-

préhistorique. On croit même avoir assez de documents pour diviser la période préhistorique du bronze en deux âges successifs : l'âge du fondeur du bronze ; les fondeurs du bronze enterraient leurs morts, ne les brûlaient pas. Après l'âge du fondeur est venu l'âge du chaudronnier ou du marteleur du bronze ; alors les cérémonies funèbres prirent un tout autre caractère ; les marteleurs du bronze brûlaient leurs morts. On vous dit tout cela fort sérieusement, et l'enterrement ou la crémation deviennent des caractères assez distinctifs des monuments pour qu'on puisse attribuer telle ou telle découverte à l'un ou à l'autre âge du bronze, et leur donner ainsi des dates différentes[1]. Mais jusqu'où descend la période du bronze ? La période du bronze n'a pas les mêmes limites dans les divers pays. Dans les pays scandinaves elle descend jusqu'à l'ère chrétienne, car c'est alors seulement que commence dans le Nord, avec l'histoire, le premier âge du fer, dont les vestiges sont mêlés à des objets romains. Le préhistorique arrive donc jusqu'à notre ère. Mais il ne serait point difficile de trouver du préhistorique encore plus récent. Le préhistorique de la Nouvelle-Zélande, le préhistorique de l'Australie, le préhistorique de Madagascar sont encore bien plus rapprochés de nous. L'école préhistorique entrera dans une bonne voie, lorsqu'elle emploiera des termes qui puissent donner une juste idée des faits et des découvertes. Car la question préhistorique est vraiment une question de mot.

Nous avons fini. On nous disait : la science préhistorique déclare que les six mille ans des traditions hébraïques sont tout à fait dérisoires, qu'ils sont un mensonge... On ajoutait : « La science préhistorique affirme qu'il faut renoncer au rêve sédui-

deur, objets simplement fondus ; — 2e *âge : larnaudien :* époque du chaudronnier, objets martelés (ex.: Auvernier).

II. TEMPS PROTOHISTORIQUES, âge du fer.

1o *Période des tumulus :* hallstattien ; Hallstatt, Villanova.

2o *Période gauloise :* marnien ; époque helvète, 3e époque lacustre.

III. TEMPS HISTORIQUES, âge du fer.

1° *Période romaine :* lugdunien, champdolien.

2° *Période mérovingienne :* wabenien. (Caranda, etc.). Que de mots !

[1] *Matériaux*, etc. V. dans ce recueil : la Suède préhistorique, par Montelius. 1875, p. 230. Rites funéraires des temps préhistoriques en Scandinavie et dans le monde entier, par Valdemar Schmidt, 1875, p. 435. Découvertes archéologiques en Danemark, 1875, p. 350. Le tombeau d'Eshoï en Jutland, 1875, p. 509 et p. 255

sant d'un édénisme primitif, du paradis terrestre biblique. » Nous répondrons : Comment la science préhistorique aurait-elle pu dire toutes ces belles choses, puisqu'elle n'existe pas? Il y a bien une école préhistorique : nous la connaissons ; nous savons quelles sont ses tendances, quel est son but ; mais elle est séparée du but qu'elle veut atteindre par plus d'un abîme. Il y a aussi une question préhistorique, dont on parle partout et à propos de tout : on en fait une grande question. Mais c'est une question de mot : demandez une définition, et tout le charme s'évanouit.

La *révélation* et la *science* sont deux sœurs : elles ont le même père, notre Père qui est dans les Cieux. Messagères du Dieu de paix, elles vivent en paix et apportent la paix aux hommes de bonne volonté. La Science, amie de la Révélation, voilà la vraie science : ce caractère ne trompe jamais. Toute science ennemie de la révélation est illusion et mensonge.

LYON. — IMPRIMERIE PITRAT AINÉ, RUE GENTIL, 4.

www.ingramcontent.com/pod-product-compliance
Ingram Content Group UK Ltd.
Pitfield, Milton Keynes, MK11 3LW, UK
UKHW021643260726
13994UKWH00003B/1250